GERHARD WOLF

HERZENS-
SACHE

aufbau

GERHARD WOLF

HERZENS-SACHE

MEMORIAL –
UNVERGESSLICHE BEGEGNUNGEN

aufbau

Mit 20 Abbildungen

MIX
Papier aus verantwortungsvollen Quellen
FSC® C083411

ISBN 978-3-351-03839-7

Aufbau ist eine Marke der Aufbau Verlag GmbH & Co. KG

1. Auflage 2020

Einbandgestaltung zero-media.net, München
Gesetzt aus der Whitman durch Greiner & Reichel, Köln
Druck und Binden CPI books GmbH, Leck, Germany
Printed in Germany

www.aufbau-verlag.de

Inhalt

Irmtraud Morgner (1933–1990) gehörte mit Romanen wie »Hochzeit in Konstantinopel« und »Leben und Abenteuer der Trobadora Beatriz« zu den großen deutschen Erzählerinnen feministischer Prosa.
Ich hielt ihr 1975 die Laudatio zur Verleihung des Heinrich-Mann-Preises unter dem Titel »Abschied von der Harmonie«.
An ihrem Grab sprach neben mir auch Alice Schwarzer.

Scheherezade aus Sachsen
Abschied von Irmtraud Morgner

»Man ist für das Leben nicht eingerichtet.«

Vor knapp einem Jahr kam eines Abends unvermittelt ein Anruf, der nicht, wie anzunehmen war, Christa galt (denn man weiß, dass ich ungern telefoniere), ein Anruf, der mich betraf; mir mit etwas umständlicher Erklärung, dann umso deutlicher – in diesem seltsamen Diskant bei gutturalem Unterton – ein Anliegen vortrug, das ich nicht abweisen konnte, weil es nicht misszuverstehen war; denn wie entzieht man sich einer Anfrage, die einem als letzter Wille vorgetragen wird.

Ich habe seitdem auf meine Weise damit gelebt, immer diese Stimme im Ohr, die um ihr Ende wusste, stockend, aber bestimmt, waghalsig und hellsichtig, zupackend und arabesk – dieser plötzlich ausbrechende heitere Diskant bei untergründig dunklem Guttural –, wie es im Reden, wie es anders im Schreiben ihre Art war.

Ich konnte mir danach keine Rede ausdenken, und wir haben, nach einer letzten Begegnung in ihrer Wohnung, es war ein überheißer Junitag, beide nie mehr über diese Abmachung gesprochen. Wir waren nicht dafür eingerichtet. Ich habe seitdem manchmal in einem ihrer Bücher ein paar Seiten wiedergelesen, habe absichtlich empfindungslos oder mit lautlosem bösen Lachen das Buch beiseitegelegt, hilflos, keine Notizen. Ich wusste, wenn es so weit sein würde, ihre Bücher würden schon die rechten Stichworte geben, die ich brauchte, um, wie sie es sich nun einmal wünschte, etwas sagen zu können. Ich weiß jetzt nicht mehr, ob das stimmt, und muss es auf diesen Versuch ankommen lassen. Aber ich sehe mich dabei nicht allein, sondern mit anderen hier in einer durch sie wie insgeheim vereinbarten Gemeinsamkeit. Sie, die wie ich auf meine Weise an diesen letzten Jahren Irmtraud Morgners Anteil nahmen, Sie werden, besser als ich es vermag, auf Ihre Weise das Bild von ihr ergänzen, es reicher, farbiger, gültiger machen. Ich aber hoffe, mit meinem aus dieser Situation entstandenen Vorgehen vielleicht einen Zug ihrer Arbeitsweise zu treffen, die sie beklagt und zugleich als ihre ureigene Arbeitsmethode verteidigt hat: sich an Kerngedanken und Grundideen zu orientieren, die man frisch der Ausführung vorauswirft, um sie im Schreiben selbst möglichst einzuholen und einzulösen: Einfälle, Inspirationen, schöne Entwürfe für einen »unendlicheren Zusammenhang«, den man – ja man weiß es – sicher nie erreicht, aber immer anstrebt. Vorhaben, das man deshalb in bemessene Szenen, Stücke oder Kapitel einteilt, die man überblickt und schafft, Zitate aus den ältesten, Dokumente aus jüngsten Quellen dazu, poetische Geschichtsschreibung aus der Lage und Sicht einer heutigen Frau, wie es Walter Jens in seiner Rede auf die Tausendsassa Morgner so beschrieben hat: »[...] einmal im Simplizissimus-Stil, volkstümlich und archaisierend, ein zweites Mal in der Weise des wahren sozialistischen Realismus, wirklichkeitsgesättigt also und plastisch, und ein drittes Mal, anspielungsreich und hermetisch, mit Dialogen von verweisender

Kraft und Beschreibungen, die ein langes In-Spuren-Gehen verraten«. Sie hat es damit zu einiger Meisterschaft gebracht, nannte die Bände ihrer »Salman-Trilogie« Montage-Romane, »die Prosa der Zukunft«; Montage – freilich nur eine unzureichende Bezeichnung für dieses kaum nachbeschreibbare bizarre, bunte Gewebe aus Tatsächlichem und Phantastischem, ich sehe es als aufgezeichnete, sich fortschreibende große Applikation auf die Welt, Gesuch, sie zu durchschauen, Heilmittel als Vision, sie zu ändern. Sie sagt: »Die Menschen glauben große Wahrheiten eher in ungewöhnlichen Gewändern«, und man wünscht, sie hätte damit recht. Sie verwandelt sich aus solchen Gründen ja vor unseren Augen ständig in verschiedenste reale und zauberhafte Gestalten, spricht eben noch ganz gegenwärtig als berufstätige Frau und Mutter ihres Sohnes und ist im Nu auch deren Wunschbild, gewitzte Gauklerin, Spielfrau oder fabelhafte Sirene, redet mit Weiber-, Schlangen- und Hexenzungen – und ist doch immer die Morgner, Scheherezade aus Sachsen, die weiß, dass sie erzählen muss, es geht ihr ans Leben, täte oder könnte sie es nicht. Eine widersetzliche Trobadora mit höchster Stimmlage, um den in der Kehle gebrochenen Laut hervorzubringen, moderne Poetessa mitten in dieser von Männern geprägten und dirigierten Gesellschaft.

Denn wie sie auch an dieses Gemeinwesen gebunden war, das für sich den Anspruch auf Sozialismus erhoben hatte, verstrickt in seine uneingelösten Maximen und real existierenden Miseren – wie jeder von uns auf seine Weise –, den Grundwiderspruch dieser Zeit sah sie schließlich in den modernen Industriegesellschaften des Patriarchats angelegt, welcher Herrschaftssysteme und -strukturen es sich auch jeweils bediente.

Und um nichts Geringeres ging es ihr als um Umwertung aller herrschenden Werte – und sei es nur mit Mitteln der erfinderischen Poesie, die ja Gleichnisse und Utopien erlaubt.

Sie hatte für diese Projekte kaum zeitgenössische Vorbilder und musste sich aus Wissenschaft und Kunst, aus Theorie und Praxis alternativ lebender Frauen ihre Figuren und Muster entwerfen, den patriarchalischen Helden matriarchalische Menschen entgegensetzen, um humane Verhältnisse ins Bild zu bringen: unter den berühmten männlichen Troubadouren die eine, kaum noch bekannte Troubadoura entdecken, die alten Mythen und Mythologien aufgreifen und neu deuten, zum Beispiel der Allgeberin Pandora endlich wieder den ihr zukommenden Platz neben dem populären Menschenbildner Prometheus einräumen, Pandora, die in ihrer Büchse nicht das Verderben, sondern die Zukunftsbilder trägt.

»Die Geschöpfe des Prometheus«, heißt es im »Amanda«-Roman, »haschen nach den Luftgestalten. Als Pandora sah, daß die Güter mit Fittichen – Erdenliebe zum Beispiel, Sinn für Harmonie [...], Kompromißfähigkeit, Frieden – davonflogen und niemand ihnen nachsetzte, keiner sie einfangen wollte, warf sie schnell den Deckel zu.«

Irmtraud Morgner hat Goethe für die profunde Umdeutung des patriarchalischen Mythos gedankt, weil er Pandora aus ihrer Rolle als Unheilbringerin erlöste; sie erklärt und gibt uns ein Zeichen, wie man ihre Bücher wirklich verstehen kann:

»Nicht Prometheus, sondern Epimetheus und Pandora gemeinsam werden als Zukunftshoffnung gesetzt. Epimetheus heißt ›nachbedacht‹. [...] Der Mensch muß nachdenken bei vielen Entscheidungen. Vor der Gefahr der Selbstausrottung bewahrt ihn nicht Instinktregulierung. [...] Der Homo humanus ist nicht erreichbar ohne die Freisetzung und harmonische Verbindung der kreativen Potenzen beider Geschlechter.«

Wie muss es sie gefreut haben, in der sächsischen Nonne aus dem 10. Jahrhundert Hrotswitha von Gandersheim eine Vorläuferin zu finden, die das erste Drama der Faustsage in Deutschland verfasste, wo es doch immer hieß, »daß Frauen die Fähigkeiten zum Stückeschreiben fehlen«.

Dem »Cherubinischen Wandersmann« des Angelus Silesius, Sinnbild des ewig Suchenden, nach Wahrheit sich sehnenden Geistes aus dem Barock, hätte sie gern die »Cherubinische Wandersfrau« folgen lassen, zugesellt als Antipodin und Partnerin; fand Idee für sie vorgedacht in Betrachtungen Jakob Böhmes, die sie sich anzuverwandeln suchte in praktikable Philosophie »über täglich zu bewältigende, unabweisbare, elementare Lebensereignisse als da sind Tod, Krankheit, Zufall, Glück, Unglück« – die ewigen, immer unbeantworteten Fragen unserer Existenz, auf die sie weder in der Praxis ihrer Gesellschaft noch in der dort praktizierten Ideologie Antworten oder auch nur Handreichungen erhalten konnte. Antworten, nach denen sie selbst forschte, ungeschützt, ziemlich auf sich selbst gestellt, unabgeschirmt, weil, wie sie weiß, weibliche Forscher unabgeschirmt leben, nicht mehr der traditionellen weiblichen Rolle verhaftet, wie sie auch das Bücherschreiben immer intensiver als Forscherarbeit betreibt – und dabei Federn lässt.

Sie spricht von »Denktrieb«, sagt, dass ein poetischer Text, so verstanden, nur strahlt »wegen der Intensität, mit der das ganze Potential einer Persönlichkeit einer Sache nachdenkt und -fühlt, zwanghaft, mit perfektionistischem

Suchtrieb nach dem optimalen Ausdruck für eine Vorstellung, die logisch allein nicht ausdrückbar ist. Diese Intensität bei der Suche, auch das Engagement ist sicher mit ein Grund dafür, weshalb ein literarischer Text einen Denk-, Such- und Gefühlsimpuls bei einem Leser auslösen kann.«

In dieser Arbeit ist sie ganz aufgegangen. Ihre Leser, natürlich vor allem Frauen in den beiden Deutschländern, haben sie als Sprecherin für ihre souveränen Rechte und Möglichkeiten auf allen Gebieten ihres Daseins empfunden.

Für die ständige Überanstrengung, die sie diese Arbeit unter den gegebenen Umständen kostete, einer ganz anders ausgerichteten Umwelt solche Freiheiten abzutrotzen, hat sie mit ihrer Gesundheit bezahlt. Sie sagte, als wir uns damals zuletzt sahen, dass sie nicht zufällig an dem empfindlichsten Organ getroffen worden sei, mit dem sie als Frau voll und ganz gelebt habe, und wies auf ihren Leib. Alle, die sie kannten, haben ihren eigensinnigen Mut gespürt, mit dem sie der zerstörenden Krankheit wieder und wieder Widerstand leistete; eine Berufskrankheit, denkt man an Franz Fühmann und Erich Fried, an die Gefährtinnen Brigitte Reimann und Maxie Wander.

»Schreiben war meine Art, Ängsten zu trotzen«, sagt sie und hält die Ängste mit Gelächter nieder. »Je dreckiger es mir geht, desto stärker bin ich zur Possenreißerei aufgelegt. Humor ist bei mir Auflehnung des Lebenstriebes gegen Depression, Melancholie.« Sie hat, glaube ich, daran ziemlich bis zuletzt festgehalten, Verstörungen nur den Nächsten anvertraut, plötzliche Zusammenbrüche immer mit diesem diskanten Gelächter in der Stimme überspielt, auf späten Fotos, die es gibt, lässt sie nicht davon ab, über Schmerzen maskenhaft zu lächeln. Fensterstürze überließ sie ihren umhergeisternden Hexen, die ohnehin nicht totzukriegen waren. Nicht den selbstbestimmten Entschluss, auf Flügeln eines Tages, den kühnen Harpyien gleich, davonzufliegen, sie sprach ganz ernsthaft davon und glaubte längst an eine außerirdische Existenz.

Den geplanten dritten Band ihrer »Salman-Trilogie« gibt es nur in Fragmenten, in ihnen unsterbliche Sätze, Sie werden sie hören.

»Schmerzensschreie gehören heute zum guten Ton oder zu einem, an den man sich gewöhnt hat. Freudenschreie erwecken mitunter selbst von Toten. Ihnen fühlte ich mich zugehörig, obgleich der gegenwärtige Weltzustand mich ausgetrieben hatte [...].«

Als Vermächtnis dachte sie sich ein Buch mit dem Titel »Das hero(i)sche Testament«, in dem sie noch einmal alle Seiten ihres Talents aufspielen lassen wollte. Sie hat es nur in Motiven und Skizzen, mit ironischen Aperçus und trefflichen Paradoxen notieren können. Es ist in der Struktur eines Promotionsverfahrens entworfen, eines nicht ganz geheuren Verfahrens, in dessen sonderbarem Verlauf sich Herta Kowalczik (Frau aus dem Volk der DDR) durch Philosophie der Tat verkörpert, verwandelt zu Hero, die sich ihren idealen Mann Leander (griechisch: Mann aus dem Volk), wie einst Adam die Eva, in einem geistigen Akt, der sich sofort als lebendige Schöpfung zeigt, aus den Rippen schneidet. »Frisch geschnitten – ganz gewonnen.« Das Werk ist als spektakuläre Apotheose auf die Menschheitsgeschichte angelegt.

»[...] indem der Mensch aus seiner Natur fiel, fiel er aus aller Natur – und begann Geschichte zu machen. [...] eine Voraussetzung fürs Geschichtemachen nennt Friedrich Engels ›weltgeschichtliche Niederlage des weiblichen

Geschlechts‹.« Und diese gilt es, lässt die Morgner ihre Hero planen, endlich aufzuheben. Also ist auch eine Liebesgeschichte zu erwarten.

Nach der antiken Sage schwamm Leander seiner Geliebten Hero allnächtlich über den Hellespont entgegen und ertrank, als ein Sturm die ihn leitende Fackel verlöschte, in den Fluten. Hero stürzte sich verzweifelt vom Turm ihm nach in den Tod.

Irmtraud Morgners Herta Kowalczik aus Reichenbach im Vogtland, Hero genannt, erfindet sich ihren Geliebten vermittels ihrer heroschen Philosophie, wörtlich dem spitzen Verweis der Beamtin des Wohnungsamtes, die ihr als Einzelwesen die Wohnung verweigert, stante pede folgend: »Wennse keen Mann ham, müssense sich embd een ausn Rippen schneiden.«

Das heroische Testament, lesen wir aus den Bruchstücken dieses grandiosen Exposés eines nicht mehr ausgeführten Romans, »das heroische Testament Leander ist ein Mann zum Herauslesen«.

Ich musste so ausführlich von ihrem unvollendeten Buch sprechen, weil ich, weil wir alle es nun nicht mehr zu lesen kriegen.* Hier leuchten noch einmal alle Facetten ihrer genuinen Fabulierlust auf, ihr großes experimendum mundi einer Selbsthelferin sondergleichen, der mitten im schreibenden Entwurf – bleiben wir getrost bei der archaischen Wendung – die Feder aus der Hand genommen wurde.

Weil ich es seit Langem wusste, gelang es mir nicht mehr,

* Das Manuskript wurde inzwischen von Rudolf Bussmann herausgegeben: Irmtraud Morgner, »Das heroische Testament. Roman in Fragmenten«, München 1998.

ohne bösen Schmerz in ihren Büchern zu lesen. Ich bin ihrer Bitte nachgekommen und habe ihr diese Rede gehalten, aber ich bin dafür nicht eigentlich eingerichtet. Und ich weiß, dass ich so nicht enden kann, und suche mir bei ihr den besseren Schluss, lasse sie mit ihrer Stimme sagen:

»Hexisches Gelächter [...] erscheint mir in finsteren Zeiten hilfreich, um die Lähmung angesichts der übergroßen Aufgabe, die Depression aus Überforderung, zu überwinden. Riesige Autoritäten, die wichtigste ist: der Tod kann nur mit einem weinenden und einem lachenden Auge angegangen werden.«

1990

Walter Jens und Gerhard Wolf, November 1989.

Walter Jens (1923–2013), bedeutender Schriftsteller der Gruppe 47 mit Romanen, Hörspielen und Essays. Präsident der Akademie der Künste Berlin/Brandenburg mit großen Verdiensten bei der Vereinigung der beiden Akademien West- und Ostberlins.
Wir waren befreundet und planten 1989 eine Friedensbibliothek, die gleichzeitig in Ost- und Westverlagen erscheinen sollte, was sich zerschlug.

Geist und Macht
Rede auf Walter Jens

Meine Damen und Herren, lieber Mitbürger Walter Jens, wie denn stellt man einen profunden Rhetoriker, wie Sie es nun einmal sind, in diesem Metier Professor gar, in gebotener Kürze einem Publikum in diesem Apollosaal vor? Weiß man, was es von Ihnen kennt, welches Ihrer Bücher es gelesen hat – nur wenige Titel waren bis vor Kurzem hierzulande auf direktem Wege zu bekommen, eben erst in den letzten Jahren etwa das ausgewählte Kompendium mit dem Titel »Die Friedensfrau« – nach Herders Motto: »Meine große Friedensfrau hat nur einen Namen, sie heißt allgemeine Billigkeit, Menschlichkeit, tätige Vernunft.«

Vielen werden Sie, Präsident der Akademie der Künste in Westberlin, immerhin öfter in unserer Ostberliner Akademie kritischer Gast, Ehrenpräsident des PEN-Zentrums der Bundesrepublik, bekannt sein, als Redner auf gesamtdeutschen Kirchentagen und Symposien, als Christ und Demokrat Sprecher der Friedensbewegung, unermüdlicher Anwalt in Sachen unserer gemeinsamen Kultur; durch Ihr engagiertes öffentliches Auftreten, wo immer Sie es für nötig erachten, konnte man Sie hören, so dass ich, der ich mich am wenigsten für einen versierten Redner halte, nicht sicher bin, wo ich an- oder ein-, gar Schwerpunkte setzen, Gesichtspunkte finden soll, um nicht Eulen nach Athen zu tragen. Denn wo immer Sie das Wort ergriffen haben: Um das, was jetzt allerseits flott aus berufenem und unberufenem, oft nur berufs- oder geschäftsmäßigem Munde »deutsche Belange« genannt wird, darum ist es Ihnen aus verschiedenem Anlass, aus wohlerwogenen Gründen – allgemeine Billigkeit, Menschlichkeit, tätige Vernunft – eigentlich seit jeher gegangen.

Ich jedenfalls habe Sie so gelesen und erfahren; und ich versuche mir jetzt damit zu helfen, indem ich ganz unrhetorisch vorgehe. Nicht bedacht auf die schönen diskursiven Bögen – wie ich sie an Ihren Reden von Kanzel und Katheder, von Tribüne oder Tisch aus bewundere, ein Thema durch markante Thesen gliedernd, wohlgewählt die Zitate, genau an der rechten Stelle die Pointen, im Resultat überzeugende Schlussfolgerungen –, sondern ganz bruchstückhaft, willkürlich, lediglich den Einfällen und ersten Assoziationen vertrauend, die mir kamen, als ich in den letzten Tagen noch rasch wieder kreuz und quer in Ihren Schriften las – Romane (nimmt Ihr »Herr Meister« nicht schon geistreich das gegenwärtige Spiel der Postmoderne vorweg?), Stücke, Übertragungen aus dem Altgriechischen und Ihre Adaptionen dazu, »Die Friedensfrau« nach der »Lysistrate« des Aristophanes, und, kaum auf einen Blick überschaubar, Essays und Reden, erstaunliche Vielfalt, beneidenswertes Volumen bei akkuratem Radius. Wer Sie neulich am Robert-Koch-Platz zur Literatur der Bundesrepublik gehört hat, wird amüsiert Ihrem Selbsturteil zustimmen, mit dem Sie sich auf dem weiten Feld der Literatur einem Zehnkämpfer in der Sportarena verglichen, und da nähmen Sie es schon mit manchen Zeitgenossen auf. Dem Essayisten aber, der bewusst und ingeniös über ein großzügiges rhetorisches Vermögen verfügt, würde ich ohne Zögern den Lorbeer reichen, weil ich dafürhalte, dass Sie in diesem Bereich ganz sich selbst eingeben, offenbaren und vollenden, andere lebhaft inspirierend, wie ich Sie seit ersten Begegnungen und Gesprächen nun immer vor mir sehe: persönlich, unprätentiös, ohne Pose, aber gestenreich Ihrer Sache gewiss, der Sie sich jeweils energisch annehmen, erregt von Unrast – schon Ihr Arbeitspensum scheint mir Ihre sensible Konstitution zu übersteigen –, ständig angespannt bis zur Nervosität, doch im Zuhören und Antworten überraschend konzentriert, fast bedächtig, selbst bei böswilligen gegnerischen Attacken – die Sie nicht erst in diesen Wochen deutsch-deutschen Disputs profilierungsbeflissener Feuilletonisten abbekommen –, wie Sie also in solchen Situationen, dazu bei allergischer Veranlagung, den provozierten Adrenalinausstoß mit überlegener Intelligenz in gemessene, gezielte Formulierung umsetzen, den Fundus humanistischer und literarischer Bildung mühelos abrufbar, ohne damit geltungssüchtig aufzutrumpfen, das macht Sie in meinen Augen zu einem legitimen, integren Redner, nicht nur von Profession, sondern seinem Temperament nach, wie von Natur.

Entferne ich mich vom vorgegebenen Pensum unserer Veranstaltung? Ich nähere mich ihm, indem ich aus der intellektuellen Physiognomie eines Mannes auf sein Anliegen, seine Mission schließen möchte; eines Autors – nun doch ein paar Fakten –, der ein Buch »Von deutscher Rede« verfassen musste, »Republikanische Reden« selbstverständlich, den großen Wissenschaftsreport über eine deutsche Gelehrtenrepublik Tübingen, ins Zentrum zielende Monographien über deutsche und europäische Dichter dieses Jahrhunderts

»Statt einer Literaturgeschichte«, »Ort der Handlung ist Deutschland. Reden in erinnerungsfeindlicher Zeit«. Gab es erinnerungsfreundliche Zeiten?

Buffons berühmtes Aperçu, wonach der Stil der Mensch ist, bestätigt sich für mich im Schreiben, Reden und Tun von Walter Jens auf glückliche Weise. Man weiß, wie er schon vor Jahren an den Gottesdiensten der »Kirche von unten« in Halle an der Saale teilnahm, als dort mit Kerzen in den Händen der protestantische Widerstand gegen das Regime begann. Er saß mit den Demonstranten auf nacktem Boden vor den Raketenbasen im schwäbischen Mutlangen und hat dafür seinen staatlich verordneten Prozess mit Urteil bekommen.

Nein, an seine Verantwortung und moralische Haltung in Bezug auf deutsche Fragen braucht ihn niemand zu erinnern. Dass man sie ihm nun als Schriftsteller frech und impertinent zum Vorwurf macht, wer hätte das gedacht? Keine vergebliche Polemik, nur ein Zitat, apropos Mensch und Stil:

»Die unterbliebene (und auf fürchterliche Weise von der RAF-Generation exekutierte) Auseinandersetzung mit denen, ›die Auschwitz möglich gemacht haben‹, halste den moralisch engagierten Autoren der BRD (und auf andere Weise jenen der DDR) ein humanitäres und politisches Debet auf, von dem die ästhetischen Zinsen, die zum Beispiel jemand wie Grass erwirtschaftet hatte, aufgezehrt wurden.«* Fürwahr ein Sätzchen, zwischen den Fingern zu reiben. Wie da das Vokabular von Bank und Finanzen mit Sollseite Akonto,

* Ulrich Greiner, »Die deutsche Gesinnungsästhetik. Noch einmal: Christa Wolf und der deutsche Literaturstreit – eine Zwischenbilanz«. In: Die Zeit (Hamburg) vom 2. 11. 1990.

mit erwirtschaftetem und aufgezehrtem Zinssatz auf Schriftsteller, Literatur und Ästhetik übertragen und angewandt wird – der Stil allein kann einen Analytiker abschrecken, bevor ihn die Lust ankommt, sich in der Sache einzulassen. Da argumentieren? Vielleicht mit dem bekannten Versaphorismus von Ernst Jandl, durchaus nicht nur politisch auszulegen:

manche meinen
lechts und rinks
kann man nicht
velwechsern.
werch ein illtum!

Ästhetik und Moral im Kunstwerk sind nicht zu trennen, kaum zu trennen ist das Werk von der Gesinnung seines Autors, so seltsame Wechselbeziehungen und Paradoxe sich zuweilen auch auftun und die Szene einnehmen.

»Mit postmoderner Beliebigkeit möchte ich nichts zu tun haben«, sagte Jens 1987 im Gespräch; und schon im Essay »Nachdenken über Heimat« von 1984 heißt es: »Deutschland, das ist eine Vokabel aus dem Geschichtsbuch und, dazu, natürlich ein Wort, das an Schuld erinnert, von deren Aufarbeitung das Mehr oder Minder an gesellschaftlichem Ansehen so gut wie die moralische Existenz jedes einzelnen abhängen sollte.«

Sechs Jahre später: »Es ist die Aufgabe der Intellektuellen – und, bei Gott, nicht nur der Intellektuellen –, mit dem Blick auf die gemeinsame Geschichte und die gemeinsame Schuld aller Deutschen Fragen zu stellen, im Akt des Gegenden-Strom-Schwimmens und der sokratischen Verfremdung, die ebenso unbequem wie nützlich sind.« Gesagt auf einem Colloquium im Mai 1990, schon im Bewusstsein der Bürgerbewegung, die sich nach dem von ihr mit herbeigeführten Sturz des bankrotten Systems in diesem Teil Deutschlands bereits neuen staatlichen Vereinnahmungen gegenübersieht. Wenn es mich nicht täuscht, sieht diese radikal demokratische Bürgerbewegung, im Osten wie im Westen, Walter Jens auf ihrer Seite.

Er, der unbelehrbar und hartnäckig altmodisch darauf beharrt, »das Erbe der Aufklärung zu hüten«. Er hat sich dabei auf Lessing und Heine als Schutzheilige berufen und im Zuge seines großen Essays »In Sachen Lessing« die phantastische Konstellation hergestellt, dass Lessing und Heine auf elysäischen Gefilden in einen imaginären Dialog miteinander geraten – ein Stück, in dem sich die rhetorischen und poetischen Gaben unseres Autors aufs Trefflichste ergänzen und vereinen. Im Ringen um die Lösung der ewigen Menschheitsfragen verkündet Lessing den Tod des Mephistopheles, entwirft die Versöhnung Shylocks mit Antonio zu einer Figur: Utopie eines Menschbürgers für alle, die guten Willens sind. Heine – er hat Revolutionen kommen und vergehen sehen – holt den Kollegen auf den nüchternen Boden der Tatsachen zurück: »Wissen Sie, lieber Freund, wir haben heute andere Spiele [...]. Was damals der Spielsaal war, ist jetzt die Börse [...]: Das Steigen und Fallen der Kurse, [...] das Träufeln der Zinsen, dazwischen das leise Schluchzen der Armut – das ist die Melodie des Jahrhunderts!«

Da finden wir uns jäh wieder zurückversetzt hier in den Apollosaal. Geschichte wiederholt sich nicht: was sich wiederholt, ist der ewig unentschiedene Konflikt zwischen »Geist und Macht«, Titel eines Essays von Walter Jens über

Literatur und Politik in Deutschland, das eben eine aktuelle Wende in diesem Streit erlebt. Gestalten wie die »Göttinger Sieben«, Rahel Levin und Rosa Luxemburg, Heinrich Mann und Ossietzky werden uns da ins Gedächtnis gerufen, denen bisher kein nationales Pantheon errichtet wurde. Jens zitiert: »Auch dies, Land, ist deine Geschichte. Es könnte wichtig für dich sein, gerade heute, da sichtbar geworden ist, wohin die von den Siegern geschriebene Historie geführt hat, sich – spät, aber nicht zu spät – an sie zu erinnern.«

Ich nehme an, Walter Jens wird uns in diesem Sinne eine Rede halten. Ich weiß es zu schätzen, mit ihm in einem Lande zu leben.

1990

Günter de Bruyn (geb. 1926), bedeutender Schriftsteller von Romanen, die vor allem in seiner brandenburgischen Heimat angesiedelt sind, einer fundierten Autobiographie und Werken zur preußischen Literaturgeschichte wie »Als Poesie gut« und »Die Zeit der schweren Not«.
Wir waren befreundet und gaben von 1980 bis 1990 die Bände des »Märkischen Dichtergartens« heraus, wichtige und übersehene Werke dieses Landes, wie zum Beispiel von Achim und Bettina von Arnim, Rahel Varnhagen, Heinrich Heine oder Friedrich de la Motte Fouqué, die im Ostberliner Buchverlag Der Morgen und im Westen als Taschenbuch bei S. Fischer erschienen.

Günter de Bruyn
»Mein Brandenburg«

»Von guten oder schlechten Absichten allein lebt Literatur so wenig wie von Erfindung; sie lebt von Wirklichkeit« – ich stelle den Satz, den Günter de Bruyn als ein Resümee seiner Vertiefung in das Werk des Brandenburger Romantikers Friedrich Baron de la Motte Fouqué findet, meinen Betrachtungen voran, die ich für mich als Anhaltspunkte mit »Lesefreuden und Schreibschwierigkeiten« untertitelt habe, da ich es mir nicht so leicht machen will, wie es aus Anlass solcher Buchpremieren üblich ist, einfach zu rühmen, was mir an diesem rundum schön gestalteten Buch vortrefflicher Prosa aus nun wahrlich profunder Sachkenntnis gefällt; weil ich denke, dass man ihm damit nur oberflächlich gerecht würde und dass ich, aus Gründen, über die ich sprechen will, dazu auch gar nicht in der Lage wäre.

Ich erkläre mich für befangen; was nun mehrdeutig heißt – ich habe bei Hermann Paul noch mal nachgeschaut –: Ich befasse mich mit einem Thema »verlegen im Benehmen«, »nicht frei im Urteil«, also in die Sache selbst involviert und im Bemühen, dafür die rechten Worte zu finden, weil ich an der Entstehung manchen Kapitels in diesem Buch Anteil nahm. Sind es doch Beiträge zu einer Arbeit, die uns über gut ein Jahrzehnt hin beschäftigte und verband. Lust und Last literarischer Streifzüge und Exkursionen, Wiederentdeckungen und Deutungen, eben Freud und Leid – um es auf diese knappen Assonanzen zu bringen – vor dem Hintergrund einer Lebenswirklichkeit in diesem Land, an die wir nun verschiedene Erfahrungen und Erinnerungen knüpfen, unterschiedliche Absichten und Empfindungen. Manchmal glaubt man schon, nicht in der gleichen Wirklichkeit gelebt zu haben, um mit Goethen zu sprechen: »Man weiß eigentlich das, was man weiß, nur für sich selbst.« (»Maximen und Reflexionen«)

Denn als man mich aufforderte, heute hier über dieses Buch Günter de Bruyns zu sprechen, habe ich befangen gezögert, wie er daran gezweifelt haben wird, ob ichs tun würde, weil wir uns – das gehört zu diesen Zeitläuften deutscher Vereinigungsquerelen, und deshalb rede ich davon – seit gut drei Jahren nicht mehr gesprochen haben, sondern uns, befangen, eher aus dem Wege gegangen sind, obgleich es selbst an offiziellen Gelegenheiten, sich zu treffen, nicht gefehlt hätte. Ich hörte seine Rede zur Leipziger Buchmesse 1992, ohne ihm danach die Hand zu schütteln, er ging an meinem Messestand vorbei, ohne ihn eines Blickes zu würdigen. Unsere Interessen, um es auf die banale Formel zu bringen, hatten sich voneinander entfernt und begegneten sich nicht mehr. Er fand endlich für sein Werk die weithin öffentliche Ehrung und Anerkennung, Wertschätzung als Erzähler und Essayist, die er verdient und in unseren Augen längst hatte, so dass uns manche Begleitmusik und Zungenschläge dazu mehr störten, als dass wir die Freude darüber mit ihm geteilt hätten, wie wir ihm zuvor die verdiente Würdigung längst gewünscht, und, wo wir konnten, dafür plädiert hatten. (Das »wir«, in das ich manchmal gerate, ist kein Pluralis Majestatis, wie Günter gut weiß.) Er wiederum missbilligte manche unserer Entscheidungen und Auftritte während jener Wendezeit; für die andere Literatur, für die ich mich seit Jahren engagierte, konnte er kaum Sympathie aufbringen; Herausforderung durch eine respektlose nachfolgende Generation, die ihn nicht zur Kenntnis nahm und ihm schon ihrem ästhetischen Selbstverständnis nach zuwider sein musste.

Das Gespräch, wie es aus persönlicher Freundschaft über uns beide bewegende oder bedrückende Tagesereignisse und Arbeitsvorhaben üblich gewesen war, wurde nicht mehr gesucht; Tagungen und Institutionen sahen uns an getrennten Tischen wie in gegnerischen Lagern; man sprach den anderen nicht mehr persönlich, sondern bediente sich, wie es jetzt Brauch war, der öffentlichen Medien. Seine Vermittlungsversuche, soweit er dazu ansetzte, zwischen »Jubelschreien« und »Trauergesängen«, wie er es nannte, im geübten Spektakel eine andere Tonart anzuschlagen, fanden ihn, wie uns auf andere Weise, zwischen den Stühlen – aber leider haben wir auch darüber, vermutlich weil es nicht die gleichen Stühle waren, keinen Dialog versucht. Ich weiß nicht, ob er das so bedauert wie ich, hoffe es aber doch. Jedenfalls regt mich sein Buch dazu an, oder ich lasse mich – nicht die schlechteste Wirkung – von ihm provozieren, wenigstens in ein paar Sätzen darüber zu sprechen. (Vielleicht ist es doch langsam an der Zeit, dass Leute wieder miteinander zu reden beginnen, sich, vielleicht deutlicher jetzt als zuvor, ruhig ihre Meinung sagen, wie sie es seit dem Fall der Mauer nicht mehr getan haben, weil Vorbehalte und andere Grenzen sie seitdem trennen. Denn das, was man inzwischen unter öffentlichem Meinungsstreit in Deutschland versteht, und wie ihn Großmedien an- und abblasen, kann es doch wohl nicht sein. Um Bobrowski zu zitieren: »denn was das heißt, mit jemand deutsch reden, das wissen wir. Da lieber schon friedlich« – und nicht in Zeitungs-Schlagetotzeilen und TV-Shows mit ihren Exerzitien wohlbesetzter gegenseitiger Anschuldigungen und Bezichtigungen, wo einer dem anderen gar nicht zuhört, seine Repliken schon vorher parat hat, geschweige denn um gegenseitiges Verstehen bemüht ist.)

Aber jetzt endlich zum Buch, das für mich vor allem mit seiner Vorgeschichte verknüpft ist. Als wir beide im Herbst 77 – ein Jahr nach der Biermann-Affäre – daran dachten, einen »Märkischen Dichtergarten« zu begründen, bei der Pflege ums »kulturelle Erbe« andere Akzente zu setzen als die offizielle Ausrichtung auf die vorbildliche Klassik von Weimar, konnte ich mir keinen kompetenteren Mitstreiter denken als Günter de Bruyn. Ich, als leidenschaftlicher Büchermacher, ergriff die Initiative auch zum Buchverlag Der Morgen. Er war mir, was Kenntnis der speziellen brandenburgisch-preußischen Historie und Kulturgeschichte anbelangt, bei Weitem voraus und eroberte sich, ganz gezielt und systematisch bei regelmäßigen Ausflügen an den Wochenenden, die authentischen Schauplätze, an denen die von ihm bevorzugten Dichter, schreibenden adligen Offiziere und Repräsentanten der Preußenzeit gelebt und gewirkt hatten, nahm in Augenschein, was an sichtbaren Spuren dort von ihnen zurück- oder übrig geblieben war: natürlich den Wanderungen seines geliebten Fontane durch Havelland, Lücher und Brücher getreulich folgend, also auch nach Kossenblatt, zu Pastor Schmidts Werneuchen, zum Geburtshaus Fouqués in der Stadt Brandenburg, bis hin zu seiner Residenz, den heutigen Ruinen von Schloss Nennhausen, in dem einst viele der Berliner Romantiker zu Gast waren, die dann im Dichtergarten wieder erschienen; schließlich – mit Pferdewechsel – Sie merken, ich blättere ständig in unserem Buch – nach Friedersdorf am Rande des Oderbruchs, dem Besitz Friedrich August Ludwigs von der Marwitz mit den amüsanten Grabinschriften auf dem Friedhof, die de Bruyn im Nachwort zu seiner Ausgabe der Marwitz'schen Autobiographie »Nachrichten aus meinem Leben« damals weit anschaulich-ausführlicher beschrieben hat als jetzt mehr im Vorübergehen. Für mich sind es die »Filetstücke« – um eines dieser Wörter aus dem Sprachgebrauch von Marktwirtschaft und Treuhand herzunehmen, wenn sie auf die Qualität im Zentrum eines ausgeschriebenen Wertobjekts hinweisen wollen –, Kernstücke mithin in diesem Buch, weil in ihnen sich das Quellenstudium seines Autors am trefflichsten offenbart, Frucht des akribischen Stöberns in Chroniken und Kirchenbüchern, Lust und Gewinn einer unstillbaren Leidenschaft, gar nicht als Wegweiser und Reisebegleiter für heute gewünschte Touristen gedacht, sondern Zeugnisse seiner innigen Suche nach Heimat – diesem in Deutschland verschiedener Provenienz und Staatsgebilde so oft gebrauchten wie missbrauchten Wort.

Während mich mit der Mark Brandenburg und dem alten Preußen nur seine berühmte oder vergessene Literatur verband, auch um mit ihrer Hilfe Töne anklingen zu lassen, wie man sie sonst in dieser Literaturgesellschaft nicht vernahm, ich also mehr im Halberstädter Gleimhaus über der Karschin schwer lesbaren Briefen, in der Berliner Stadtbibliothek an Erstausgaben von Heine und Lessing saß (beide hatten ja an Berlin nicht nur die reine Freude) und die Stadt mehr als Aufenthaltsort auf Zeit betrachtete (die Landschaft meiner Wahl wurde Mecklenburg), waren Berlin und die Mark für de Bruyn – für jeden, der seine Bücher kennt – bedeutungsvoll: Herkunft, Wohnort in der Stadt, die ihn schlecht schlafen ließ, und Asyl auf dem Lande mit Haus und Garten (Spargelbeete) mitten im Wald, natürlich aus Kiefern, Land und Leute Hauptquelle seiner Literatur, Existenzgrundlage – schlechthin sein Leben. Man hätte sich ihn woanders nicht denken können. Heimat – er hat es in einem Interview 1984 so gesagt – »für mich vom Politischen und vom Staatlichen völlig losgelöst«. Das musste man ihm glauben, aber ich hätte ihn damals bei einer solchen Formulierung skeptisch angelächelt. Einen Streit hätte er, seinem Gusto nach, vermutlich nicht aufkommen lassen. Da wir wussten, *wogegen* wir einer Meinung waren, versäumten wir, uns auch zu sagen, *warum* und *wie* verschieden wir dabei waren. Vielleicht wurde manches davon laut oder im Stillen nachgeholt; unnötigerweise oft, weil beide Seiten längst anders darüber denken.

Denn natürlich haben wir ihm konzediert, was er eigentlich meinte, sicher hat man es ihm nicht deutlich gesagt.

Allgemein aber ist bisher zu wenig erkannt, dass dieser Autor, wie in der Nachfolge Fontanes kaum einer, sein Brandenburg, ich sage es jetzt bewusst mit dem abgenutzten Slogan, in die deutsche Literatur »eingebracht« hat, in fast jeder seiner Erzählungen und jedem seiner Romane – *Märkische Forschungen* nach dem Land, nach ihren Menschen, mit Herz und Seele, in seinen Essays zu den von ihm aufgesuchten Dichtern und Gestalten, mit Kopf und Verstand; jenseits des Provinzialismus, ja in Gegensatz und Verweis zu ihm; fern aller Heimattümelei, vielmehr mit Gespür und Bewusstsein für alle Ambivalenzen, die bei dem Wort mitschwingen. Wie Köln durch Heinrich Böll, Danzig durch Grass, Ostpreußen durch Bobrowski ist de Bruyns Brandenburg nun in deutscher Literatur als Wirklichkeit mit Vergangenheit und Gegenwart lebendig, und das mit aller guten Absicht, selbst bei schlechten Erfahrungen, also idealen Schreibschwierigkeiten. Natürlich anders in Temperament, Ausdruck und Stil als die Genannten. Mundartliches nicht ausspielend, sondern nur andeutend, nicht zu Grellheiten geneigt, sondern zu Nüchternheit, keine gehobene, gar deftige Sprache, eher mit unterschwelligem Timbre, entwaffnendem Humor statt aggressiver Ironie; Wirklichkeit nur um ein weniges verrückend, unaufwendig, um (Zitat Christa Wolf von 1981) »diese immer noch wachsende Faszination und Bezauberung auch literarisch auszudrücken und so seiner literarischen Provinz reichlich heimzuzahlen, was er ihr entnimmt«. (Warum sein Verlag in ihm erst heute den »großen Schriftsteller« und »Zauberer« entdeckt, weiß der Teufel. Aber der weiß es.) Günter de Bruyns Bücher gehören natürlich, in Bindung und Widerstreit, zur besten Literatur aus einem Teil Deutschlands, der zu einem historischen Zeitraum – da beißt die Maus kein' Faden ab – als DDR existierte. Man könnte verzweifeln über diesen albernen, aber Nerven und Gesundheit angreifenden, ja aufs Spiel setzenden, Bezichtigungs-, Erklärungs- und Verteidigungs-Statements, die da ständig Autoren abgefordert werden, öffentlich zu gestehen, warum Literatur, die diesen Namen verdient, nur aus solchem schwierigen Da- und Verhaftetsein in dieser Heimat entstehen konnte. Uwe Johnson musste sich in der Fremde darüber zu Tode grämen. De Bruyn hätte es nicht besser sagen können als in seiner Rede zur Verleihung des Heinrich-Böll-Preises, als er Bölls

Verhältnis zu seiner Heimatstadt beschrieb und damit sich selbst preisgab: »[...] sein Verhaftetsein an sie, seine Liebe zu ihr, die eine kritische Haltung nicht nur nicht ausschloß, sondern erforderte, seine Treue zu ihr, die sich darin zeigte, daß er [...] sie immer wieder zum Ort seiner Erzählungen und damit für alle Welt zur literarischen Landschaft machte, ihr also eine zweite, für mehr als sich selbst stehende, höhere Realität verlieh.« Heimat, über alles Staatliche und Politische hinaus. Wirklichkeit jenseits von nur guten Absichten oder reiner Erfindung – Literatur, was sonst. Das soll ihm erst mal einer nachmachen.

Diese Heimat spricht mich auch aus vielen Stücken dieses Buches so an. Dort, wo sich sein Autor allzu sehr politischer Zustandsbeschreibung und Kommentierung befleißigt, weit weniger. Und so sehr mir manche Straffungen und Verknappungen bei der Überarbeitung seiner früheren Nachworte zum »Märkischen Dichtergarten« für dieses Buch einleuchten (Dichtergarten, auf den leider weder eine Fußnote noch eine angemessene Nachbemerkung hinweist – von uns beiden immerhin 16 Bände in zehn Jahren Arbeit, die, wie man sieht, sich immer auszahlt), umso mehr stören mich manche Auslassungen. Fontanes Altersgedicht mit seinem Spott auf seine einstige Vorliebe für den märkischen Adel in Kontrast zur Begrüßungsadresse an seine neuen, bürgerlichen Leser und Verehrer jüdischen Glaubens – ich hätte es nicht gestrichen, ich hätte es mir gerade heute ausführlicher erläutert und kommentiert gewünscht als vor Jahren. Und der guten, zeitgemäßen Absicht ist mir manchmal zu viel.

Sicher ist es recht und billig, aber inzwischen auch opportun, die Misswirtschaft des verhassten Unrechtsstaates DDR ausführlich für die Zerstörung der Landschaft und des eingesessenen Besitztums verantwortlich zu machen. Im gleichen Atemzug gegenwärtige Vernichtung bäuerlicher Existenzen (Brandenburg klagt eben in dieser Sache in Karlsruhe) euphemistisch einer »neuen Krise« zuzurechnen, in der den Leuten nur der Mut zum risikoreichen Selbstständigwerden fehle, geht einfach an der Sache vorbei, da diese Krise, keinem Sozialismus geschuldet, eben ganz Westeuropa heimsucht und viele wirtschaftliche Unternehmen mit lebenslanger Übung im Selbstständigsein zum Erliegen bringt; die Folgen sind längst noch nicht abzusehen.

Ich glaube, es ist kein Zufall, wenn ich bei solchen Repliken unversehens in Gleise gerate, mit Argumenten Retourkutsche zu fahren. Was will ich, unbefangen, sagen: Dort, wo der Erzähler und Essayist, in der Absicht, pauschal zu urteilen, in die Nähe politischer Publizistik gerät, hält er nicht annähernd das Niveau, an dem ich ihn nun einmal messen möchte. Als Prosaschreiber, wie nicht nur ich ihn schätze – da bedarf es keiner Elogen –, wie er sich in Roman und Essay seiner Themen und Gestalten annimmt, waltet bei ihm, ob er nun zustimmt oder Distanz übt, epische Gerechtigkeit. Eben der Stil, der nur ihm zugehört, der im Einzelnen gar nicht so leicht zu beschreiben ist, auf den er sich aber, Zug um Zug, festgelegt hat, nicht umsonst bei Übung treffsicherer Parodien auf andere Kollegen, bei autobiographischer Zwischenbilanz eher mit scheuer Zurückhaltung als Vorliebe für forcierte Zuspitzung. Ich versuche mich nicht im Definieren, wie er das anstellt, weil nur er so beobachtet, fühlt, nachdenkt und – die drei Perspektiven vereinigend – dann auch so schreibt und spricht:

»Wenn die Sonne hinter die Parkbäume sinkt, wird es kühl in der Pfarrhauslaube. Die Dorfstraße belebt sich;

Frauen kehren von der Feldarbeit heim; Ackerwagen rollen vorbei; Kühe werden von Kindern aus den Koppeln in die Ställe zurückgetrieben. [...] Mit Peitschenknall geht es zum Dorfe hinaus, aber wenn der Weg ansteigt und sandig wird, fallen die Pferde in langsamen Trab. [...] Nebelschleier breiten sich über die Wiesen. In Fahrtrichtung sind die ersten Sterne zu sehen. [...]

Oft schon hat Fontane die Rückkehr von seinen Erkundungen so oder so ähnlich erlebt, und oft noch wird er sie so erleben. Unterwegs, in Passagierstuben oder bescheidenen Unterkünften, wird er die unentbehrlichen Notizbücher mit Aufzeichnungen und Skizzen füllen; zu Hause wird er die historischen Werke von Bratring und Berghaus, von Fidicin und Wohlbrück studieren [...], und immer wird er auf der Jagd nach Anekdoten sein. Er wird nicht nur nach Buckow, Pieskow und Großbeeren fahren, er wird auch Hamburg, Dänemark, Schlesien, Italien und Frankreich sehen, wird umfangreiche Kriegsdarstellungen und großartige Romane schreiben, aber die Mark wird ihn nicht loslassen dabei. [...]

Im Mai 1894 schreibt Fontane an seinen Sohn Theodor: ›Überschlage ich meine eigene Reiserei, so komme ich zu dem Resultat, daß ich von solchen Spritzfahrten in die Nähe viel, viel mehr Anregung, Vergnügen und Gesundheit gehabt habe als von den großen Reisen [...]. In Teupitz und Wusterhausen aber und nun gar in Priegnitz und Havelland bin ich immer glücklich gewesen.‹ – Daß das nur einer sagen kann, der viel gereist *ist*, versteht sich von selbst. Schließlich lautet der erste Satz des ersten Bandes der ›Wanderungen‹: ›Erst die Fremde lehrt uns, was wir an der Heimat besitzen.‹ – Mit anderen Worten: Auf das In-die-Fremde-reisen-können kommt es bei der Entstehung von Heimatliebe an.«

Man spürt, wie sich in solchem Text die Zeiten aufheben, denn für die Orte Teupitz und Wusterhausen kann man getrost auch Ahrensdorf und Schwenow einsetzen, und Blabber, wo de Bruyn zu Hause ist, liegt genau dazwischen. Ich habe anfangs sein Leitmotiv vorsätzlich nur unvollständig zitiert: »Literatur lebt von guten Absichten so wenig wie von reiner Erfindung; sie lebt von Wirklichkeit« – Wirklichkeit –, so heißt es weiter, »die aber auch durch Wassergeister dargestellt werden kann.« Wassergeister, wie bei Fouqués »Undine«, sind es bei ihm sicher nicht, und vielleicht weiß nur er selbst, welche Spezies märkischer Geister in Luft und zu Lande ihm zur Hand geht.

Aber genau das ist es, wovon seine Prosa lebt und webt.

Dazu las ich sein Buch »Mein Brandenburg«, zu dem ich uns alle beglückwünschen kann. Und schenke ihm – nicht als Büchersschreiber, sondern -macher –, um dem Lob die letzte Würze zu geben, ein Buch von Janus press: otl aichers »schreiben und widersprechen«.

1993

Christa Wolf und otl aicher (oben), Inge Aicher-Scholl und Gerhard Wolf (unten) in der Wohnung der Wolfs in Berlin, Amalienpark, März 1990.

Otl aicher (1922–1991), namhafter Designer, schuf das Logo für die Deutsche Lufthansa, das Erscheinungsbild der Olympiade in München 1976 und vieler bedeutender Firmen der Bundesrepublik. Er hatte sein Atelier im Vorallgäu, in Rotis.
Wir waren seit 1988 befreundet und gestalteten alle Bücher meines Verlages Gerhard Wolf Janus press in seiner von ihm entworfenen Schrift, der rotis, und gaben 1993 seine Essays unter dem Titel »schreiben und widersprechen« heraus, deren Erscheinen er durch seinen Unfalltod nicht mehr erlebte.

otl aicher
schreiben und widersprechen

Es war einer dieser glücklichen Zufälle im Leben, der uns im Mai 1988 zu otl aichers 68. Geburtstag zu ihm und Inge Aicher-Scholl nach Rotis im Vorallgäu führte, weil ein für uns unschätzbarer, folgenreicher Austausch und Dialog begann, der heute zu dieser Buchpräsentation führte und weit darüber hinaus andauern wird.

Aicher beeindruckte auf Anhieb auch den, der von ihm und seinem vielgestaltigen Werk nur wenig wusste, durch seine sicherlich menschliche Konsequenz, jede Begegnung für sich und sein Gegenüber schöpferisch zu nutzen. Was er geschaffen hatte, hatte er wie selbstverständlich als Fundus zur Verfügung. Doch zugleich wusste er den Gesprächspartner von ganz anderer Art und anderem Beruf zu respektieren, suchte das Zwiegespräch, manchmal knapp bis zur Kauzigkeit bei hintergründigem Selbsthumor, und war uns, wenn wir ernsthaft etwas von ihm wollten, offen und freundschaftlich zugetan. Ein Mann, der ganz für sich einnahm, weil er nichts von sich hermachte und dennoch souverän dominierte. Für unverbindliches Geplauder hatte er keinen Sinn, also war in seiner Gegenwart dafür auch kein Platz. Wir waren für ihn wohl Leute, die er kennenlernen wollte, auch weil sie aus einem deutschen Teilland kamen, das er nur wenig kannte.

Als er uns im Herbst 89, unseren Besuch erwidernd, in Mecklenburg traf, schrieb er uns in sein Buch zur Typographie die Widmung: »Typographie ist die visualisierte Sprache.«

So nimmt es nicht wunder, dass wir für unseren neuen Verlag Janus press, für den der Grafiker Martin Hoffmann als Gestalter zeichnet, zu aichers Schrift, der rotis, griffen. Sie vor allem schien uns geeignet, die Bücher eines Verlages schon auf den ersten Blick kenntlich zu machen, um ihnen, die sich der mit der Sprache experimentierenden Literatur annahmen, ein eigenes Gesicht zu geben. Aicher hat uns dabei mit Rat und Tat unterstützt, vielleicht weil er selbst auf dieses Unternehmen neugierig war. Als ich ihm bei einem Besuch in Rotis den Katalog zur großen Ausstellung von Carlfriedrich Claus »Erwachen am Augenblick« übergab – die Ausstellung des Autors der »Sprachblätter und Denklandschaften« ging gerade durch mehrere westdeutsche Großstädte –, sagte er nach einem kurzen Blick darauf, dass er grundsätzlich nur Bücher lese, die ihm zur Sache, mit der er sich gerade beschäftige, wichtig wären. Aber das Buch war dann – mit Kenntnis seiner Sekretärin, Frau Renate Kirchner – sofort zur Hand, als Martin Hoffmann ihn in Rotis aufsuchte, ihm unser Verlagskonzept vorstellte und ihn bei der Gestaltung des Buches, das Texte konkreter Poesie von Franz Mon mit Sprachblättern von Carlfriedrich Claus vereinte, um kritische Beratung anging. In ihrer Klausur bekam das Buch »das wort auf der zunge« seine endgültige Fassung und Gestalt. Aicher gab Ratschläge zum Computer für seine Schrift, zeichnete mit dem Kugelschreiber, als er den Entwurf unseres ersten Prospekts sah, sofort seine Version des Logos von Janus press, Laufweite, Durchschuss, aus dem Handgelenk.

Als ich hörte, dass er für seine politischen Essays keinen Verlag gefunden hatte, fragte ich an; er sagte zu. Bei seinem Berlinbesuch Ende Juni 91 redeten wir über das mir vorliegende Manuskript. Ich sprach ihn darauf an, ob man ausgehend von seinem Buch nicht überhaupt an eine kleine Essay-Reihe denken sollte, in welcher unbequeme Autoren zu Zeitfragen schrieben, und wie so eine Reihe aussehen könnte. In seinem letzten Brief vom 1. 7. 91 meinte er dazu: »die idee einer reihe ›neues denken‹ ist bestechend. nur sage ich Ihnen [...], ich finde noch immer kaum jemanden, mit dem mich nur schon die gleiche bewertung des anschlusses der DDR verbinden würde. auch in der bewertung des golfkrieges gehen die meinungen weit auseinander [...]. ich für mich könnte noch nicht sehen, daß es in unserem land jemanden gibt, der das neue denken über die etablierten wahrheiten der ökologie- und friedensbewegung hinaus weitergetrieben hätte. meine radikal-demokratischen sehnsüchte scheinen in einem urwald verstreut. ich hätte lust, mit Ihnen darüber zu diskutieren, und wäre nicht mein terminkalender, ich hätte mich vielleicht ins flugzeug gesetzt, um nach berlin zu fliegen, dabei hätte sich auch besprechen lassen, wie eine neue reihe typographisch aussehen sollte. ich denke zwar, das gehöre zur domäne von Martin, aber warum nicht gemeinsam darüber nachdenken.«

Dazu ist es nicht gekommen. Wenige Wochen später war aicher tot. Seine Bücher »analog und digital« und »die welt als entwurf« hat er uns nicht mehr widmen können.

Wir sind sehr froh, dass wir Ihnen unter der Herausgeberschaft von Inge Aicher-Scholl und tatkräftiger Mitarbeit von Wilhelm Vossenkuhl und Renate Kirchner – die noch ungedruckte Versionen für das Buch aus der Diskette zog – dieses

Buch vorlegen können: »schreiben und widersprechen« – das Buch, das seine letzten verstreut publizierten Essays zum Design mit den noch unveröffentlichten politischen Aufsätzen vereint. Dazu die aus dem persönlichen Lebens- und Arbeitsbereich heraus geschriebenen Aufzeichnungen vom Herbst 89 aus der »autonomen republik rotis«, die ihn ganz lebendig zeigen, wie wir ihn kannten: im Frühjahr die ersten Schwalben erwartend; über Autonomie und die allmächtigen Apparate von Industrie und Staat nachgrübelnd. Gedanken zum Erntenkönnen im Garten, Kochen ohne Rezept … Ich freue mich, Sie hier mit diesem Buch otl aichers bekannt machen zu können.

1993

Carola Stern (1925–2006) war eine populäre Journalistin und Schriftstellerin, mit der wir gut bekannt waren. Sie war verheiratet mit Heinz Zöger (1915–2000), der als Chefredakteur der Wochenzeitung »Sonntag« in Ostberlin 1957 wegen »konterrevolutionärer Vergehen in der Harich-Gruppe« verhaftet und zu 30 Monaten Zuchthaus verurteilt wurde. Er lebte nach seiner Entlassung als Mitarbeiter des WDR in der Bundesrepublik.

Carola Sterns Buch »Der Text meines Herzens. Das Leben der Rahel Varnhagen«

»Unsere Gesellschaft ist mehr oder weniger egoistisch geworden. Die Menschen wollen empfangen und nicht leisten, wollen sich unterhalten lassen und nicht unterhalten.«

Ich möchte diese Feststellung, die Fanny Lewald vor gut 170 Jahren getroffen hat, unserer heutigen Buchpremiere voranstellen, die Carola Sterns Lebensbeschreibung der Rahel Varnhagen gilt; und ich möchte Sie schon damit auffordern, sich nicht nur, was Ihr gutes Recht ist, von der Autorin unterhalten zu lassen, sondern, wie sie es getan hat, an einem Leben Anteil zu nehmen, in das sie sich so hineinversetzt, dass wir uns ihm einfach nicht entziehen können. »Der Text meines Herzens«, sagt Carola Stern und lässt ihre Gestalt zu uns sprechen, mit der sie die letzten Jahre umging, auf deren Spur sie sich begab, um einer Wunsch-Verwandten zu begegnen, mit ihr einer Wunsch-Heimat, einer Wunsch-Herkunft – Geist und Herz, ja, dem Zauber einer Person, die die Gabe hatte, sehr verschiedene Menschen um sich zu versammeln, auf dass sie miteinander ins Gespräch kommen,

Frauen und Männer, an die sie unentwegt unzählige Briefe schrieb. Briefe und Tagebuchaufzeichnungen, die wir nun als gültige Zeugnisse einer Zeit vor uns haben, authentischer als jeder Roman, nicht weniger spannend, weil uns in ihnen die Sprecher unmittelbar gegenübertreten, so dass wir gehalten sind, ihnen über die Zeit hinweg direkt zu begegnen – und ihr, die hier, nur ein paar Häuser weiter, zu Hause war: in der Jägerstraße, ja sie heißt nun wieder so,* in der Mauerstraße, sie hieß schon so, als an eine Mauer, die nur wenige Schritte entfernt von ihr verlief, nicht zu denken war, in der Französischen Straße. Heine schrieb, ihn überliefe noch ein Schauer damals Unter den Linden, weil er wusste, da war vor ihm Lessing gegangen. Was überfällt uns?

Ich mache damit schon auf eine Wirkung aufmerksam, die Carola Sterns Buch auf mich unmittelbar und unwiderstehlich ausübt, weil ihr solche Empfindungen nicht fremd sind, sondern vertraut und nah: eine Person, eine Schriftstellerin, eine Jüdin, eine Frau aus einer Zeit heraufzuholen und uns mit ihr, ihrer menschlichen Stimme, ihren Anfechtungen und Ansprüchen, zu konfrontieren, so dass es nun an uns liegt, ob wir auf die Fragen, die sie mit ihrer doch nun unsterblichen Existenz an uns stellt, anständig antworten können. Carola Stern unterzog sich für uns dieser Pflicht, und sie wurde ihr – ich greife auf den schönen Begriff aus Rahels Zeit zurück – Herzenssache. Mühe der Suche nach den weit verstreuten, bisher nur unvollständig edierten Schriften bis nach Polen, der Geschichte der Familie Levin bis nach Israel, dem Dialog mit den bedeutendsten Rahel-Forscherinnen zu den noch ungedruckten Briefen – in eben dieser

* Die Jägerstraße hieß von 1958 bis 1991 Otto-Nuschke-Straße.

Sache. Nach Hannah Arendts großem Essay* nun das Buch aus der aktuellen Sicht unserer Tage, auf Dokumenten basierend, wie sie erst jetzt zugänglich sind, so dass sich nicht nur einzelne Züge nachzeichnen lassen, sondern sich Rahels Persönlichkeit auch in ihrer ganzen Widersprüchlichkeit darbietet, nicht nur, was sie auszeichnet vor anderen, sondern auch, worin sie nun einmal befangen bleiben muss in der Gesellschaft, die sie umgibt, gegen deren Fesseln sie angeht, sich auch verstrickt, so dass man sie vor sich sieht, wie sie wohl selbst gesehen werden wollte und wie sie es nur einmal in einem Brief nicht einer ihrer Liebesleidenschaften zugesteht, sondern dem Mann, dem sie sich schließlich ganz anvertraut: »Nur Einer in der ganzen Welt erkennt mich an: daß ich eine Person seyn soll; will nicht nur einzelnes von mir gebrauchen, verschlucken, liebt mich, wie die Natur mich geschaffen hat, und das Schicksal behindert […].«

Ich glaube, Carola Stern hat sich ganz von diesem Motiv des wahrhaftigen Erkennens leiten lassen.

Ich will hier nicht Einzelheiten des Buchs nachgehen, ich könnte es nicht, denn ich würde ihm wohl in seinen Verzweigungen vieler persönlicher Schicksale, denen sie so souverän nachspürt, gar nicht folgen können. Ich greife also nolens volens nur ein zentrales Thema mit ein paar Reizworten auf, die mich besonders berühren, weil die Autorin besonders von ihnen berührt war, und uns heute nicht weniger erregen als die Betroffenen von damals, die sich – hier um die Ecke herum – trafen. Auch weil ich selbst – heute mit ganz anderen Dingen beschäftigt – wieder in Bereiche

* Hannah Arendt, »Rahel Varnhagen. Lebensgeschichte einer deutschen Jüdin aus der Romantik« (1957, dt. 1959).

eintauche – und deshalb ist man wohl für diesen Abend auf mich gekommen –, die mich und Günter de Bruyn vor Jahren in Bann schlugen, als wir in Büchern, die wir »Märkischer Dichtergarten« nannten, eben diese Epoche der Berliner Romantik heraufbeschworen, deren Gestalten mir jetzt in Carola Sterns Buch alle wieder begegnen. Friedrich Baron de la Motte Fouqué, Ludwig Tieck, E. T. A. Hoffmann und Alexander von der Marwitz waren de Bryuns Favoriten; er gab zuerst den Briefwechsel Rahel Varnhagens mit Karl Graf von Finckenstein heraus, der ihm aus dem lange verschollenen und gerade wieder aufgetauchten Nachlass Varnhagen von Enses in der Biblioteka Jagiellońska in Kraków – ein Loblied auf die Solidarität deutscher und polnischer Germanisten – erreichbar war: »Rahels erste Liebe«.

Auswahlbände von mir galten Bettina und Achim von Arnim, dem Berliner Biedermeier und Fanny Lewald, der letzten, fast schon vergessenen Grande Dame des Berliner Salons im Abglanz des Jahrhunderts. Ich begann mit Heines frühen Schriften aus Berlin, der Stadt, die er in literarischen Briefen von 1822 unvergleichlich amüsant-ironisch geschildert hat, eben als er im Salon der Rahel Varnhagen, die mit ihrem Mann sofort sein poetisches Genie erkennt, seinen Einstand gibt und schärfer als seine Gastgeber – schließlich betritt mit ihm eine neue Generation das Zimmer – die Antinomien spürt, die hier auf engem Raum – zusammengeführt von einer genuinen Vermittlerin – aufeinandertreffen: alter preußischer Adel verschiedener Couleur (mit Prinz Louis Ferdinand bis hinauf ins Herrscherhaus, in Regierungskreise) und aufstrebende bürgerliche Wissenschaftler und Künstler, Kirchenmänner und Philosophen, nationalistische Deutsche treffen auf als Außenseiter gezeichnete jüdische Intellektuelle, die wie Rahel und Heine selbst um ihr »Entreebillett zur europäischen Kultur« kämpfen, Emanzipation, die meist nur durch Konversion zum Christentum zu erreichen ist. Für mich sind die bewegendsten Momente in Carola Sterns Buch die Seiten und Szenen, in denen sie Rahels herzzerreißende Geständnisse ihres Judenschmerzes nachzeichnet und uns wieder vor Augen stellt. Ich halte mich da nur an Ereignisse aus dem Jahre 1819, die wir beide, unabhängig voneinander und uns darin begegnend, mit einem Zitat aufrufen, sie als Zeugnis für Rahels Hellsichtigkeit, die noch heute bestürzen muss, ich als Vorwurf, Klage und Anklage über Achim von Arnims verhängnisvolle Ressentiments. Rahel Varnhagen schreibt Ende August 1819 an ihren Bruder, als in Deutschland jüdische Wohnungen und Synagogen brennen:

»Ich bin *gränzenlos* traurig: und in einer Art wie ich es noch gar nicht war. Wegen der Juden. *Was* soll diese Unzahl Vertriebener thun. *Behalten* wollen sie sie: aber zum Peinigen und Verachten; zum Judenmauschel schimpfen; zum kleinen dürftigen Schacher; zum Fusstoss, und Treppenrunterwerfen. Die Gesinnung ist's die verwerffliche gemeine, vergiftete, durch und durch faule die mich so tief kränkt, bis zum herzerkalten Schrek. *Ich* kenne mein Land! *Leider.* [...] Dies ist der deutsche Empöhrungs Muth. [...] Die Gleissnerische Neuliebe zur Kristlichen Religion (Gott verzeye mir meine Sünde!), zum Mittelalter, mit seiner Kunst, Dichtung und Gräueln, hetzen das Volk zu dem *einzigen* Gräuel zu dem es sich noch, an alte Erlaubniss erinnert, aufhetzen *lässt*! Judensturm. Die Insinuatzion, die seit Jahren alle Zeitungen durchlaufen. Die Professoren Fr[ies], und R[ühs]; und wie sie heissen. Rau:, Brent[ano] [...] und noch höhere Personen mit Vorurtheil. Es *ist* nicht Religionshass: sie lieben ihre nicht, wie wollten sie andere hassen«.

Man wird mir nachsehen, dass ich gerade aus diesem Brief Rahel Varnhagens so ausführlich zitiere, einem Brief, der vieles vorwegnimmt und schon wieder anmahnt, was in unserem Jahrhundert zu Auschwitz führt, das seine Schatten bis heute wirft, jüngstens mit Richterurteilen. Carola Stern schreibt: »Rahel hatte gemeint, der Angst und Trauer um ihre Herkunft zu entrinnen, Zugeständnisse gemacht, sich taufen lassen. Jetzt ahnt sie die Vergeblichkeit.«

Nein, nicht brave Unterhaltung verspricht dieses Buch. Keine arrangierten Plots. Vielmehr innere, intensive Nähe zu Leuten, die uns eigentlich fern stehen, weit weg von unserer Leistungsgesellschaft, die solche Formen des Zusammenlebens kaum noch kennt, Wunsch-Heimat. Nähe zu Frauen vor allem, die damals zuerst ihren Anspruch auf ein gleichberechtigtes volles Leben geltend machten.

Liebe Carola Stern, ich freue mich, dass uns Ihr aufregendes Buch hier heute Abend zusammengeführt hat; das mich – nach Ihrer Autobiographie »In den Netzen der Erinnerung« – Ihnen noch näher bringt. Ein Buch, das, so bin ich sicher, auch Ihre Leser dazu anregt, sich nicht nur von Ihnen unterhalten zu lassen, sondern sie dazu bringt, über eine vergangene Zeit und eben Ihre Rahel Varnhagen das Gespräch zu suchen.

Ich schließe mit Sätzen aus Ihrem Prolog:

»In Krakau liegt Rahel Varnhagens ›Lebenstext‹.« Hier »in Berlin stehen die Kulissen: der Gendarmenmarkt mit seinen wiederaufgebauten Domen und dem Königlichen Schauspielhaus.« (An den Gebäuden wird immer noch gebaut, und eben ist der rote Teppich für Boris Jelzin ausgerollt, der morgen erwartet wird.) »Aus der Jägerstraße tritt Rahel auf den Platz.«

Meinen herzlichen Dank für den Abend mit vielen Wiederbegegnungen und Grüße auch an Heinz Zöger,
Ihr Gerhard Wolf

1994

Nicht widerrufbares Leben
Trauerrede für Heinz Zöger

»Aber weil Hiersein viel ist, und weil uns scheinbar
alles das Hiesige braucht, dieses Schwindende, das
seltsam uns angeht. Uns, die Schwindendsten. *Ein* Mal
jedes, nur *ein* Mal. *Ein* Mal und nicht mehr. Und wir auch
ein Mal. Nie wieder. Aber dieses
ein Mal gewesen zu sein, wenn auch nur *ein* Mal:
irdisch gewesen zu sein, scheint nicht widerrufbar.«

Rilke, »IX. Duineser Elegie«

Nein, Heinz Zögers irdisches Dasein, sein kämpferisches Leben, ist nicht widerrufbar. Er hat mit dem, was er tat, Spuren hinterlassen, selbst wenn wir es manchmal nur aus der Ferne verfolgt haben.

Ich habe ihn persönlich eigentlich nur flüchtig gekannt; und dass ich mit diesen Rilke-Versen beginne, hat seinen Grund darin, dass meine Begegnungen mit ihm sich mit solchen Versen verbinden.

Heinz Zöger war, als ich 1951 beim Leipziger Rundfunk als junger Hilfsredakteur begann, als Chefredakteur mein Vorgesetzter. Aber diese Vorgesetzten waren kommunistische Antifaschisten, von denen wir eines wussten, dass sie in der

Nazizeit in Zuchthäusern und KZs gewesen waren, und die wir, junge Genossen, unschuldig und nichts weiter, anstelle unserer und sei es nur als Mitläufer belasteten Eltern, zu unseren Wahlvätern erklärten, was immer das für damals und später bedeuten sollte.

Genosse Heinz Zöger ist für mich mit einer unvergesslichen Szene verbunden. Wir hatten in einer unserer literarischen Sendungen ein Rilke-Gedicht, und eben wegen dieses Gedichtes wurde der verantwortliche Redakteur zum Chefredakteur, Heinz Zöger, gerufen, der ihm sagte: »Rilke, das ist doch spätbürgerlich, das kommt für uns nicht in Frage.« Und auf die erstaunte Erwiderung, dass gegen das beanstandete Gedicht doch auch vom marxistischen Standpunkt nicht recht was einzuwenden wäre, antwortete er beschwichtigend, dass er abends, wenn er sich von dem Betrieb hier erhole, durchaus auch Rilke lese. Dieser Vorgang wurde an einen höheren namhaften Funktionär weitergetragen. »Wie finden Sie das, verbietet es für die Sendung, liest es aber privat gern.« Der stutzte und sagte dann: »Das kommt ganz darauf an: Liest er Rilke nur, um sich weiterzubilden – oder hat er Genuss dabei.« Dieser Satz wurde von uns zum geflügelten Wort für bestimmte Leute und bestimmte Verhaltensweisen.

Als ich Heinz Zöger bei unserer Wiederbegegnung nach gut vierzig Jahren – es war aus Anlass der Premiere von Carola Sterns Buch über Rahel Varnhagen am Gendarmenmarkt – die Episode erzählte, haben wir beide, vermutlich auf verschiedene Weise, darüber gelacht.

Was wussten wir damals schon von dem schwierigen Leben der alten Genossen, die wir als unsere Vorbilder sahen. Auch Zöger kannte das Schicksal von Änne und Frieder

Schlotterbeck, mit denen wir später gut befreundet waren. Frieder, der, nach langer KZ-Zeit in die Schweiz entkommen, seine ganze Familie verloren hatte und wegen Ereignissen im Exil – die bekannte Field-Affäre – und wegen Abweichungen von der Parteilinie auch in der DDR ins Gefängnis kam – wie Heinz Zöger. Von Zögers Schicksal brauche ich in diesem Kreis nicht zu reden. Dass er, seit 1954 Chefredakteur des »Sonntag«, zu den kritischen Genossen gehörte, die für einen ganz anderen, demokratischen Sozialismus eintraten, wie er in der DDR nicht real existierte, stand außer Frage. Auch wegen dieser Prozesse von 1956 verließ ich den Deutschlandsender, um außerhalb solcher Institutionen freiberuflich zu arbeiten.

Ich weiß nicht, ob wir, als wir mit Carola oder Heinz Zöger im letzten Sommer auf Usedom öfter zusammensaßen, auch über solche vergangenen Ereignisse gesprochen haben – wohl kaum, und wenn, nur in Andeutungen, die wir jeweils verstanden. Ich habe ihn, glaube ich, auch gar nicht mehr auf alte Weise geduzt. Christa und ich, wir fanden einen Mann, der intensiv die Weltereignisse verfolgte und kommentierte, die vergangenen wie die gegenwärtigen, und der uns aus seiner umfangreichen Lektüre dazu Beispiele empfahl. Wir waren uns im Gespräch nah, so haben wir es empfunden, und waren vielleicht erst jetzt als alte Sozialisten auf rechte Weise verbunden.

Nun kann das Gespräch nicht fortgesetzt werden, so viel wir gerade von ihm noch gern erfahren hätten. Aber er war ja über seine vergangenen Geschichten nicht gerade gesprächsam, wir hoffen, dass Carola sie weiter aufschreibt.

Ich aber rufe ihm, der nun bald auf dem Friedhof von Benz auf Usedom Ruhe findet, wie Niemeyer-Holstein und nicht weit davon Hans Werner Richter in Bansin, natürlich Rilke-Verse nach:

Wer hat uns also umgedreht, daß wir,
was wir auch tun, in jener Haltung sind
von einem, welcher fortgeht? Wie er auf
dem letzten Hügel, der ihm ganz sein Tal
noch einmal zeigt, sich wendet, anhält, weilt –,
so leben wir und nehmen immer Abschied.

Rilke, »VIII. Duineser Elegie«

2000

Mit dem Dichter Stephan Hermlin (1915–1997) waren wir befreundet. Ich gab 1962 eine Auswahl seiner Gedichte im Reclam-Verlag Leipzig heraus.
Nach seinem Tod sprachen wir bei einer Feier zu seinem Gedenken.
1975, zu seinem 60. Geburtstag, als abzusehen war, dass man in der Öffentlichkeit nicht allzu viel Notiz von diesem Anlass nehmen würde, hatten wir unter befreundeten Autoren eine Mappe mit Beiträgen angeregt, als Grüße gedacht, mit Texten von Schriftsteller-Kollegen: »Aus Manuskripten von Freunden«.
Zu den von uns angesprochenen Autoren gehörten neben Erich Arendt Volker Braun, Eduard Claudius, Adolf Endler, Elke Erb, Franz Fühmann, Stefan Heym, Bernd Jentzsch, Hermann Kant, Rainer Kirsch, Günter Kunert, Reiner Kunze, Christoph Meckel, Anna Seghers, Jeanne und Kurt Stern. Es grüßten neben Vladimir Pozner auch aus Paris die Freunde der »action poétique« mit Charles Dobzynski und Alain Lance.
Christa und ich verfassten damals einen fiktiven Dialog »Nicht beendetes Gespräch«.

Nicht beendetes Gespräch über Stephan Hermlin zwischen Christa und Gerhard Wolf

Werden unserer Literatur die Briefwechsel fehlen – »bei diesen postalischen Verhältnissen« –, werden die Tagebuchzeugnisse wegfallen? Da die öffentlichen Aussprachen meist durch Schattengefechte ersetzt sind – man kennt, was die Redner X in Sachen Y vorzubringen haben, und weiß, was sie heimlich trinken –, scheinen auch die Gespräche zwischen Personen seltener zu werden.

Jedes Mal aber, zumindest oft, wenn wir ihn verlassen – zu manchen Zeiten, nicht den ruhigsten, häufiger, zu anderen seltener, und auch darüber geben wir uns wenig Rechenschaft –, immer reden wir weiter. Übereinstimmend oder streitend, besänftigt oder erregt; so dass wir die Rollen im Gespräch oft tauschen, indem einmal sie, das andere Mal er zustimmt oder Einwände macht.

G Warum geht man immer wieder zu ihm?

C Ein Ort, um Urteile zu hören, an denen man die eigene Meinung überprüfen kann.

G Wie kommt das, ist er besonders klug, mutig, gebildet?

C Natürlich, aber –

G Aber er hat noch einen Vorteil, der immer seltener wird:

Politisches und Künstlerisches treffen bei ihm nicht nur zusammen, sie sind beide, mit der gleichen Leidenschaft durchlebt, in seiner Person verschmolzen. Die authentische Erfahrung ist es, die man akzeptiert, manche sagen, er nimmt ja alles persönlich.

C Wegen des apodiktischen Tons, der manchmal angeschlagen wird, der subjektiven Empörung …

G Du meinst, man ahnt vorher, was er sagen wird?

C Schließlich kennen wir uns inzwischen ein wenig. Ihm wird das mit uns ähnlich gehen.

G Ich werde noch immer überrascht durch prononcierte Urteile, Abneigung, ja Widerwillen, die er autoritativ äußern kann. Wir tauschen dann unseren Blick: Er ereifert sich. Nennt einen Vorgang, einen Missstand, den wir schon »normal« finden wollten, auf einmal wieder »ungeheuerlich« – und oft ist er es. (Übrigens: »ungeheuerlich« ist eines seiner Lieblingsadverbien, vor allem, um Perfides abzuqualifizieren.)

C Aber er kann auch loben, ausschweifend, maßlos, neidlos. Ein Mensch, in manchem sein Widerpart, kann als »sehr guter Schriftsteller« von ihm respektiert werden …

G Selbst wenn er auf einer dieser Sitzungen aus vorhersehbarem Anlass mit ihm aneinandergerät, schneidend: Herr. Man wartet darauf. Ich möchte ihn nicht zum Feind haben.

C Wenn ich unter seinen Wörtern eins nennen müsste, ich glaube, ich würde »nobel« nehmen. Wer gebraucht sonst noch solche Wörter? Und wenn ich ausdrücken müsste, was ihn von Grund auf treibt oder lähmt, jenen Grund-Widerspruch, an dem man wächst, leidet, sich bewähren muss – ich glaube, es ist eine ungeheure, unstillbare Sehnsucht nach Vollkommenheit.

G Die er wohl nur in der Kunst für möglich hält (übrigens: er schreibt oft das Adjektiv »ungeheuer« und weiß um seinen Doppelsinn), in der Kunst …

C Die ja, ungeheures Zusammentreffen, auch sein Metier ist.

G Du spielst auf seine Verletzlichkeit an. Die fällt einem ja auf, wenn man in Disput kommt. Er hört in Meinungen, unschuldigen Äußerungen oft Untertöne heraus, die man selbst nicht wahrgenommen hat. Man will ja nicht verletzen, schon gar nicht ihn, und ist dann bestürzt über empfindliche Reaktionen.

C Mir scheint, diese Art von Verletzbarkeit entsteht, wo ein absoluter Anspruch – der nach Vollkommenheit – sich an der Einsicht reibt, dass dieser Anspruch nicht zu erfüllen ist. Erzählte ich nicht von jenem Abend in Stockholm? Von dem psychologischen Sprachspiel, das eine Holländerin mit uns machte? Es waren spontan drei Wörter zu nennen. Er nannte »Schatten« und »Abendlicht«. Das dritte habe ich vergessen. Die zweite Spielstufe erforderte einen rhythmischen Zusammenschluss dieser Wörter – er machte sogar einen Reim, »à la Conrad Ferdinand Meyer«, sagte er. Als nun die Wörter durch Vokalverschiebungen verwandelt werden sollten, verweigerte er strikt die Mitwirkung: diese Binnenreime habe er niemals für gut gehalten. Ich provozierte ihn durch den Vorwurf, er wolle nur nicht unter sein Niveau gehen. Aber er sei doch schon ganz schön unter sein Niveau gegangen, antwortete er. »Zweitrangig« ist eines seiner ätzenden Worte.

G Seine Großzügigkeit gegenüber Leistungen von Zeitgenossen überträgt er kaum auf sich. Er ist in dieser Hinsicht – es mag manchem unwahrscheinlich klingen – bescheiden, wenn es um die eigene Leistung geht; was er von sich gelten lässt …

C Weiß aber wiederum, was es gilt.

G Lässt sich aber zu einer Rigorosität hinreißen, die schon das Maß übersteigt, das man anerkennen könnte (von dem man manch anderem wenigstens eine Ahnung wünschte). Das schließt – seltsames, aber nicht unverständliches Paradoxon – nicht aus, dass es ihn maßlos erbost, sich und seine Arbeit missachtet zu sehen – was ihm nicht selten geschehen ist. Sein Zorn darüber steht auf einem anderen Blatt.

C Er kann, schreibend, nicht leichtsinnig sein. Ich fühle ihm die Hemmung nach, die entstehen muss, wenn der Zwang, im ästhetischen Sinn gültig zu sein, dem Zwang begegnet, vollkommen wahrhaftig zu sein. Die Produktion, die ja oft genug ein gewagter Prozess der Annäherung an das Ideal ist, kann einem unmöglich werden.

G Das absolute Diktat Brechts: Du sollst produzieren!, hat er für sich so wenig akzeptiert wie vieles andere an der Haltung dieses Antipoden. Er sucht keine Schüler und hat nichts von einem weisen Lehrer (wenn manche auch von ihm lernen). Von den Jüngeren wird er, soweit ich sehe, bewundert oder misskannt; bewundert wegen der kühnen Attitüde des Dichters, die sonst hier nicht vorkommt. Er sagte einmal: Ich bin eigentlich ein Pathetiker, und deutete damit an: Nun stellt euch einen solchen heutzutage vor!

C Was mir nachgeht, als er einmal sagte: Wenn von allen meinen Gedichten nichts übrig bleiben sollte, eine Zeile habe ich geschrieben, die vollkommen wahr ist:

»Was ich ganz scheine, dessen bin ich bar.«

Die Ahnung dieser Wahrheit geht durch seine Gedichte,

durch die Prosastücke, die mich am meisten bewegen. Wir zitieren ihn ja oft …

G Und sagen ihm auch nichts davon. Denken wir, das sei nicht angängig?

C Es ist auch Scheu dabei von unserer Seite, die man überwinden muss.

G Ich lasse sein oft berätseltes, ja missbilligtes »Schweigen« (das man höchstens dem Lyriker vorwerfen könnte) ohnehin nicht gelten. Er hat, wie ich es sehe, wie kaum ein anderer seiner Generation und Art sich unserer Vergangenheit gestellt. Auf schmerzhafte Weise. Es ist ihm nicht gegeben, sich blind oder taub zu stellen oder gar nicht betroffen. Wo es für ihn nichts mehr zu sagen gibt, ist er sprachlos. Aufzubessern, umzudeuteln, umzukehren, zu verdrängen ist er nicht der Mann.

C »Nie reimt sich Liebe auf Beflissenheit« – eine Zeile, die mich seit Jahren begleitet hat.

G »Die Zeit der Wunder ist vorbei.«

C »Und in der Dämmrung sind die Katzen wieder grau.«

G »Der Treue Farben brachen durchs Gewölk der Phrasen.«

C »Ich weiß noch, wie im Strom das Boot der Liebe sank.«

G »Die Worte warten. Keiner spricht sie aus«

C »Aus ihrem Säumnis ist mein Traum gemacht«

G »Wenn falsche Worte sprach mein Mund,

C Mein Herz blieb wahr und wahr mein Mühn.«

G Das traf unser Gefühl, das wir ja aus Selbstverleugnung so gern mit dem Präfix Leben verbunden haben. Lebensgefühl …

C Es hat dazu beigetragen, es zu bilden. Diesen schrecklich schweren Bogen vom Glauben zur Nüchternheit, ein Gang, auf dem alles möglich ist, Trauer, Zweifel, Melancholie (Verzweiflung will er nicht nennen), nie aber: Zynismus, Gleichgültigkeit, Versteinerung, Resignation.

G Und du fragst, warum wir zu ihm gehen?

C Warum?

G Das ist vielleicht noch ungesagt.

C Ungern stelle ich mir vor, diese Begegnung hätte nicht stattgefunden, wäre nicht immer neu weiterhin möglich …

G Die Zeit der Wunder

Die Zeit der Wunder ist vorbei. Hinter den Ecken
Versanken Bogenlampensonnen. Ungenau
Gehen die Uhren, die mit ihrem Schlag uns schrecken,
Und in der Dämmrung sind die Katzen wieder grau.
Die Abendstunde schlägt für Händler und für Helden.
Wie dieser Vers stockt das Herz, *und es erstickt der Schrei.*
Die Mauerzeichen und die Vogelflüge melden:
Die Jugend ging. Die Zeit der Wunder ist vorbei.

C *Es war die gute Zeit der Schwüre und der Küsse.*
Verborgen warn die Waffen, offen lag der Tod.
Die Schwalben schrien in einem Abend voller Süße.
Man nährte sich von Hoffnung und vergaß das Brot.
Die halben Worte, die im Dunkel sich verfingen,
Waren so unverständlich wie Orakelspruch.
Hörst du es noch: Wenn wir die Zeit der Kirschen singen …
Ich weiß noch heut der blauen Nebel bittren Ruch.

G *Ich weiß die tückische Leere noch der Rückzugsstraßen*
Und nachtschwarz die Minuten vor dem Drahtverhau.
Der Treue Farben brachen durchs Gewölk der Phrasen.
Zweitausendmal begann das Alphabet mit V.

Und der Bedrohten Rüstung schimmerte von Tränen.
Ich weiß noch, wie im Strom das Boot der Liebe sank.
Ich hab im Ohre noch die Lockung der Sirenen,
Wenn mit dem letzten Wein den Rest der Furcht
man trank.
C *Die Kinder kannten jäh den Sinn der alten Bücher.*
Das Messer auf dem Tisch wurde an Worten scharf.
Und Abende zog man sich ins Gesicht wie Tücher,
Wenn man das Stelldichein der Mörder suchte. Darf
Man sich der bittren Racheschwüre noch entsinnen …
Ich hör im Nachtwind brausen noch den wilden Schwan.
Der Worte Wunden bluten heute nur nach innen.
G *Die Zeit der Wunder schwand. Die Jahre sind vertan.*

1975/2020

Zur Leipziger Buchmesse 1996 fand in der Oper ein Abend mit Lesungen von Günter Grass (1927–2015) und dem Polen Tadeusz Różewicz (1921–2014) statt, die miteinander befreundet waren.
Ich konnte zur Eröffnung sprechen und auch zwei Autoren vom Prenzlauer Berg, Bert Papenfuß und Detlef Opitz, mit neuen Texten vorstellen.

Der Dichter, ein Zeuge
Zu Tadeusz Różewicz, Günter Grass, Bert Papenfuß und Detlef Opitz

nicht an die nachkommen
richte ich meine Worte

ich wende mich an die politiker
die mich nicht lesen
die bischöfe
die mich nicht lesen
die generäle
die mich nicht lesen
die sogenannten »einfachen leute«
die mich nicht lesen

ich wende mich an alle
die mich nicht lesen
nicht hören nicht kennen
nicht brauchen

sie brauchen mich nicht
aber ich

Mit diesen Versen – er überschrieb sie »Pathetischer scherz« – stellte sich Tadeusz Różewicz als Dichter vor, als einer, der von den Nachkommen keine Nachsicht erwartet und nur den Anspruch erhebt, als Dichter Zeuge zu sein. Zeuge für Situationen und Verhältnisse, für menschliches Leben und Sterben, Zustände, die ihm eigentlich »unaussprechlich« erscheinen und über die er doch sprechen muss, als Zeuge eines Krieges, in dem er gegen die Deutschen mit den Eisernen Kreuzen kämpfte, Zeuge für alles, was darauf folgte und danach kam, »in der welt/die die götter verlassen haben«, und er erinnert Paul Celan und seine »Todesfuge«, erinnert Hölderlins »wozu Dichter in dürftiger Zeit« – Sie werden es hören –, Verse ohne Beschwichtigung, ohne Trost, ein Kritiker, lese ich, nannte ihn den »Dichter der erstickten Stimme«. Keine Prosodien, keine schönen Metaphern, lediglich Zeuge, Zeuge der Liebe, die den Tod besiegt. In seinem eben erschienenen Band, in dem er frühe Gedichte der Nachkriegszeit mit späten Gedichten aus den letzten Jahren zusammenführt, hat er seine Texte schmerzhaft-ironisch unter das Paradoxon gestellt:

letztendlich ist
die verständliche dichtung
unverständlich

Ich halte mich an diesem Abend der Worte und Klänge mit den Stimmen sehr verschiedener Dichter an ihr Vertrauen in die Zeugenschaft des Wortes. Es verbindet den Polen Różewicz, der in Wrocław lebt, und Günter Grass, den Deutschen aus Danzig, über ihre persönliche Freundschaft hinaus: Zeuge sein, Zeuge für ein Land, eine Stadt, ein Haus.

Zeuge für eine Zeit. Zeuge für die Sprache in ihrem Widerstand gegen Missbrauch und Entstellung, gegen Befehle und Verordnungen jeglicher Art, gegen politische, ideologische, nationalistische Observanz und Obstruktion – gegen »ferfestigung/ferfestigter zungen«, wie es bei Bert Papenfuß heißt, um damit die Brücke zu schlagen zu den mehr als eine Generation jüngeren Autoren, Detlef Opitz und Bert Papenfuß, die bei allem, was sie sicher von Różewicz und Grass unterscheidet, doch auch etwas mit ihnen verbindet: das Misstrauen in die offizielle Sprache, die wir täglich über uns ergehen lassen mit ihren ausgelaugten Sprachfloskeln und Verlautbarungen, statements und talks, gegen die sie sich mit ihren Worten wehren, gegen die Festlegungen und Festungen überall um und in uns.

sterile kraft beschattet
die räume der sprache

sagt Tadeusz Różewicz.

Auf die Frage, ob er seine Stücke mit dem absurden Theater des Westens in Verbindung bringe, soll er geantwortet haben: »Sie waren nicht nur in Polen, sondern in ganz Osteuropa die einzig realistischen Stücke, realistische – nicht soz-realistische.« Wer erinnert sich nicht ihrer Aufführungen in Ostberlin um die Mitte der 80er Jahre, um ihm verständnisvoll zuzustimmen.

Ich spreche nicht von faktischer, sondern von poetischer Zeugenschaft. Die freilich wirkliche Anteilnahme voraussetzt. Man muss mit Günter Grass durch die Straßen seiner Heimatstadt Danzig gegangen sein, um unmittelbar zu erfahren, dass er dort, wo er jeden alten und neuen Stein kennt und auch zu unterscheiden weiß, ganz bei sich und zugleich heimisch geblieben ist. Er hat seinen Kaschuben einen Platz in der Weltliteratur eingeräumt, nicht mehr und nicht weniger, und Deutsche wie Polen, die ihm ebenda die Ehrenbürgerschaft verliehen, finden in seinen Büchern und durch sie Gestalt in der europäischen Geschichte dieser Zeit. Es hat sich gezeigt, dass sie alle Zerreißproben souverän überstehen, ja, dass Zerreißwut sie erst recht bestätigt.

Nein, da war kein Brückenschlagen nötig, weil er dort – »wo Grenzen Flüsse widerlegen«, wie es in seinem Lobgedicht auf die Ostsee heißt –, weil er dort, wo es für ihn keine Grenzen gab, längst, und bevor es die obligaten wie obstruktiven Grenzbeamten hier wie dort erlaubten, seinen Platz im Zeugenstand eingenommen hatte.

Wir hören ihn heute mit Gedichten, mit denen er ja einst vor seinen Romanen begonnen hat; Gedichte, die, wie seine graphischen Blätter, seine Prosa immer begleiten, heiter intonieren, spöttisch variieren, apodiktisch akzentuieren, wie in den Versen, die die Sprache beim Wort nehmen:

Kinderlied

Wer lacht hier, hat gelacht?
Hier hat sich's ausgelacht.
Wer hier lacht, macht Verdacht,
daß er aus Gründen lacht.

Wer weint hier, hat geweint?
Hier wird nicht mehr geweint.
Wer hier weint, der auch meint,
daß er aus Gründen weint.

Wer spricht hier, spricht und schweigt?
Wer schweigt, wird angezeigt.
Wer hier spricht, hat verschwiegen,
wo seine Gründe liegen.

Wer spielt hier, spielt im Sand?
Wer spielt, muß an die Wand,
hat sich beim Spiel die Hand
gründlich verspielt, verbrannt.

Wer stirbt hier, ist gestorben?
Wer stirbt, ist abgeworben.
Wer hier stirbt, unverdorben,
ist ohne Grund gestorben.

Günter Grass und Tadeusz Różewicz – es gibt in ihren Gedichten Berührungspunkte und Gemeinsamkeiten. Ihr dichterischer Dialog heute Abend zu Beginn der Leipziger Buchmesse 96 – man spricht ja sonst nur bei der Begegnung bekannter Politiker davon –, es ist schon ein historischer Moment.

Laßt uns
Vergeßt uns
und unsere generation
lebt wie menschen
vergeßt uns

schreibt Tadeusz Różewicz in einem seiner hoffnungslos-traurigen Gedichte des Jahres 1956, es ist ziemlich genau die Generationswende, um die Autoren wie Bert Papenfuß und

Detlef Opitz geboren werden, hineingeboren in einen Gesellschaftszustand, der ihnen keine andere Wahl zu bieten scheint, es sei denn, sie wagen den Absprung, den Ausstieg aus allen Konventionen, denen der Herkunft, der Erziehung, der vorgezeichneten sicheren Existenz und denen der geübten, verordneten Sprache mit allen ihren festgeschriebenen Normen und Regeln.

Sie setzen genau an der Stelle ein, als Ingeborg Bachmann sich fragte: »haben wir mit unserer sprache verspielt, weil es kein wort mehr gibt, auf das es ankommt?« Ihre Antwort war ihr Verstummen als Lyrikerin.

Deshalb brachen junge Dichter, die jetzt zu Ihnen sprechen, im letzten Dezennium der DDR mit allen herrschenden Kommunikationskonventionen, den Schreibkonventionen nach Geheimrat Duden, der regelmäßigen deutschen Grammatik mit ihrem braven Grundkonsens: Subjekt Prädikat Objekt.

»gegen ferfestigung/ferfestigter zungen«, sagt Papenfuß und schreibt ferfuehren, ferachten, ferneinen immer mit diesem scharfen stimmlosen f und hält sich den Teufel an Gesellschaftswissenschaft und Schulweisheiten.

Aus reinem Spaß am Spiel, aus trotzigem Affront, Jux und Dollerei? Die Frage geht ins Leere, wie etwa die, warum junge Leute sich zu gewissen Zeiten zu Punk- oder Rockmusik bewegen, zu der Papenfuß natürlich Texte verfasst. Er sagt: »Ich sehe mich nicht als Experimentator an der Sprache, sondern das ist mein Leben.«

Als sein erster Gedichtband erscheinen konnte, es war schon gegen Ende der DDR, und heute weiß man, dass auch solche Texte die dreist-aufrührerischen Sprechchöre und Spruchbänder von 89 vorskandierten, gab er ihm den

Titel »dreizehntanz«, weil er mit dreizehn Manuskripten dreizehn Jahre warten musste, bis dieses Buch erscheinen konnte.

Aus penibel festgehaltenen Aktennotizen wissen wir heute genau, warum das so war: »verbildetes politisches Allgemeinwissen«, heißt es da, und dass »der zukünftige Mentor viel Geduld aufbringen müsse, ihn von [...] einer Mischung aus kindischer politischer Gegnerschaft in pubertärer Punk-Lyrik verarbeitet mit einem Schuß Dadaismus und [...] hemmungsloser Verachtung gegenüber der deutschen Grammatik [...] abzubringen«. Resümee: »Die Sonettkunst von Becher sollte er studieren [...]. Das was er bisher vorgelegt hat, ist für unser kostbares und knappes Papier zu schade.«

Wir haben diese Empfehlungen allen künftigen Mentoren, die sich heute nicht im Verborgenen, sondern gern in öffentlichen Medien tummeln, dem 5. Band seiner gesammelten Texte beigelegt. Er hat den Titel »TrakTat zum Aber«, und an diesem widerständigen »Aber« hat sich und wird sich vermutlich bei diesem Autor kaum etwas ändern.

Karl Mickel nennt Papenfuß einen Meister nicht-syntaktischer Grammatik. Und er führt dazu aus: »Unsern Satzbau haben geprägt die Spuren meißnischer Kanzleisprache im Lutherdeutsch; die große Vernunftphase, die Aufklärung, hat die letztlich lateinischen Wurzeln nochmals gekräftigt. Schiller nennt den Satz: der Period[...]; potz Luther, Schiller & Mann [Thomas Mann]: ich liebe dieses kalte Feuer. Aber es geht auch anders«.

Ich habe dieses Zitat des Dichters Mickel natürlich nicht ohne Hinterlist gewählt, gibt es mir – zwanglos – die Möglichkeit, auf unseren Autor Detlef Opitz zu sprechen zu kommen, der sich nun eben diesem Lutherdeutsch widmet und mit der kräftigen Sprache dieses Mannes auch seiner inkomensurablen Figur: Luther, der Ketzer, der Reformator, der, wie unser Bundespräsident eben in Eisleben verkündet hat, nun tatsächlich allen Deutschen gehört, ein Mann, der seine christlichen Auffassungen von Gott und der Welt in deftigen Tischgesprächen offenbarte und den sich unser Autor dreist an seinen Tisch holt, den man sich auch als runden Tisch vorstellen kann, wie ihn Cranach gemalt hat, einen runden Abendmahlstisch. Man sehe und bestaune ihn im Lutherhaus zu Wittenberg, wo ihn uns Friedrich Schorlemmer, ein Rund-Tisch-Geselle ganz anderer aufrührerischer Zeit, stolz gezeigt hat. Zeitgeist also, aus dem dieses Buch sich herleitet, um mit der Gestalt – im Widerspiel zur Gegenwart – eine Epoche zum Tanzen zu bringen, weil uns dieser Luther doch nicht nur zu Jubiläumsjahren wichtig und wert sein sollte, ihn immer wieder zu Lob und Streit herauszufordern, wie es unser Scriptor will, in einem außergewöhnlichen Buch, in Sprüngen über die Jahrhunderte hinweg, zusammenfügt, was nicht leicht zusammengehört, Roman als Dialog, Erzählung, Historie und Legende, Märchen und Parabel, Collage und Persiflage, respektierlich, despektierlich, frech und froh und doch bei allem Spiel und Spektakel mit der Sprache, mit dem Hut in der Hand, Scherz, Satire, Ironie und tiefere Bedeutung, um nun doch einen seiner literarischen Vorfahren herbeizurufen.

»Klio, ein Wirbel um L.« Auf furiose Weise kommt der freie, ungehemmte Umgang mit der Sprache, wie ihn mit Papenfuß die Prenzlauer-Berg-Connection fleißig geübt hat, auf unerwartete Weise zum Zuge, wenn er in die Sprach- und

Sprechweise der Lutherzeit eintaucht, sie hernimmt, verballhornt, aber auch in ihrer verqueren und kräftigen Anmut aufklingen lässt, getreu dem Wahrspruch, frei nach Martinus: »Ein feste Burg ist unser Wort und Gott ein Wünschelgänger.«

1996

Stefan Heym (1913–2001), der durch seinen Roman »Kreuzfahrer von heute« (»Der bittere Lorbeer«) weltbekannt wurde, traf ich 1952 im Leipziger Rundfunk, wo wir Texte von ihm sendeten und ich ihm eine Besprechung seines Romans gab, die ich 1951 an der Friedrich-Schiller-Universität Jena vorgetragen hatte. Wir waren seitdem gut miteinander bekannt.

Stefan Heym
Unverhoffter Gast, bleibender Zeitgenosse

Es muss an einem Frühsommertag des Jahres 52 gewesen sein, als mich im Redaktionszimmer der Literaturabteilung des Mitteldeutschen Rundfunks Leipzig in der Springerstraße ein Anruf des Pförtners erreichte, ein Schriftsteller Stefan Heym stehe zu einem Besuch vor der Tür. Wir dachten zuerst, dass sich jemand einen Scherz erlaubte, unsere Kompetenz zu testen, wähnten wir doch den Autor in den USA; von einem Aufenthalt in Deutschland hatte uns keine Nachricht erreicht. Aber er war's, und wir konnten ihn mit seiner Frau Gertrude Gelbin bei uns begrüßen und ihm Bänder mit seinen Kurzgeschichten vorspielen, die wir gesendet hatten. Eine davon war auf abenteuerlichen Wegen, aus dem Russischen übersetzt, zu uns gekommen. Wir lachten gemeinsam darüber, wie sie sich jetzt in der deutschen Version darbot.

Natürlich kannten und schätzten wir den Autor des »Crusader«-Bestsellers. Als »Kreuzfahrer von heute« war der Roman 1950 in deutscher Übersetzung in Leipzig im Paul List Verlag erschienen (in München hieß er »Der bittere Lorbeer«). Ich konnte Heym das Manuskript eines Referats geben, das ich 1951 im Seminar von Germanistik- und Anglistikstudenten an der Universität Jena gehalten hatte. Darin verglich ich sein Buch mit dem Roman »Frühling an der Oder« von Emanuel Kasakewitsch, ganz nach den Grundsätzen von Georg Lukács. Heym antwortete mir, zu meiner Überraschung, in einem ausführlichen Brief (Absender p. A. Kulturbund, Jaegerstraße 1, Berlin W8), in dem er meine braven Lehrmeinungen freundlich und konsequent zurechtrückte, keine *positiven* Helden gelten ließ, wohl aber »Charaktere, die auf der Seite der Menschlichkeit stehen und selber anständige Menschen sind«.

Heym blieb im Lande und mischte sich – »offen gesagt« – streitbar und streitlustig in alle literarischen und öffentlichen Angelegenheiten dieser Gesellschaft ein, ihren sozialistischen Anspruch auch an ihrem demokratischen Verhalten messend und beim Wort nehmend, dass Freiheit auch die Freiheit der Andersdenkenden sei. Mit ihm lernten wir einen heimkehrenden Emigranten anderer Art kennen als die namhaften Autoren, die gleich in den ersten Jahren der DDR ihrer antifaschistischen Kultur Ansehen und Gewicht gegeben hatten. Heym, parteinehmend, aber weder parteigebunden noch parteihörig, mit den Spielregeln und Kämpfen einer Presse vertraut, die die Dinge beim Namen nannte – »Sie sollten mal meine Leitartikel in der ›Neuen Zeitung‹ in den ersten Monaten der Existenz dieses Blattes lesen« –, wollte und konnte kein Blatt vor den Mund nehmen, einem besseren Sozialismus das Wort zu reden als dem, den er erlebte. Und in vielen öffentlichen Auseinandersetzungen, in die er sich verwickelt sah, wünschten ihn die Herrschenden hier dorthin zurück, wo er im Exil gelebt hatte, schimpften ihn Bürger der USA, der Staaten, die er doch aus triftigen Gründen wegen *ihres* unamerikanischen Verhaltens verlassen hatte.

Unter seinen Schriftstellerkollegen und denen, die ihn recht verstanden, fand er Freunde und für seine Bücher Leser, wie er sie sich nicht besser wünschen konnte: Leser, die viele seiner Romane (ich nenne nur den exzellenten »König David Bericht« und die anspielungsreiche »Schmähschrift oder Königin gegen Defoe«) erst Jahre nach ihrem Erscheinen in der Bundesrepublik auch in der DDR erwerben konnten.

Wir trafen uns bei manchen guten Gelegenheiten, wenn es galt, nicht stillzuhalten, sondern Protest zu üben. Ich habe ihn immer dafür bewundert, wie er durchstand, was alles auf ihn zukam, ja wie er es geradezu anzog: Krankheit, Verfolgung und Pein, wie es im Liede heißt, gesungen im »Winter unsers Mißvergnügens«. Heym blieb; stand – hatte er sich das je träumen lassen? – schließlich auf einer Tribüne der »sanften Revolution«, hatte erlebt, was »Auf Sand gebaut« war, sah, was auf Sand gebaut ist.

Seinen Nachlass gab er zu Lebzeiten ins englische Cambridge, vermutlich weil er den heimischen Archivaren nicht traute, aber auch weil er sein Hauptwerk in englischer Sprache geschrieben hat. Dort, in Cambridge, und im schweizerischen Bern verlieh man ihm den Ehrendoktor, seine Geburtsstadt Chemnitz gab ihm eine Medaille.

Als er als Alterspräsident des Deutschen Bundestages 1994 Worte der Versöhnung sprach, blieb man auf den Regierungsbänken sitzen. Aber ihnen zum Munde hatte er, früher wie heute, eigentlich nie gesprochen.

1998/2012

Andreas Reimann (geb. 1946) war bekannt als Lyriker der DDR, der mit seinen Texten oft kritische Beachtung fand. Er wurde 2000 mit dem Literaturstipendium Leipzig ausgezeichnet. Ich hielt die Laudatio auf sein von Widerspruch geprägtes Leben.

Auf der Suche nach einem Land
Der Dichter Andreas Reimann

Markkleeberger elegie

Was sitz ich hier und trink zu teures bier?
Erinnerungen schwirrn wie rüssel-mücken.
Wo ziegen grasten, da beugt jetzt den rücken
die leutheit rings und kriecht ins diesel-tier.

Windsuppen-grau sind jene nachmittage,
an denen man in rückkehr sich versucht.
Endgültig wird zum ort der niederlage
die vormals-heimat, wenn man auf der flucht.

Noch einmal rastet an den herkunfts-stätten:
die häuser sind geschrumpft, die mit-geborнen
fülln in die taschen sorglich salz und sand,
als ob sie jetzt schon angst vorm glatteis hätten.

Und ich?: such ich die freuden, die verlornen?

Nur wo man nicht ist, ist das vaterland.

Die laudatorische Begründung zur Auszeichnung mit dem Leipziger Literaturstipendium für das Jahr 2000 gilt Andreas Reimann, ihm besonders, aber zugleich, wie wir mit Respekt und Achtung wahrnehmen sollten, mit ihm – wie er es nicht ohne hintersinnige Anführungszeichen in seinem Fragment einer Familien-Chronik nannte – zugleich den Reimanns, einer Dynastie zeichnender Schreiber, einer Leipziger Künstlerfamilie im 20. Jahrhundert, in Leipzig also, »einer den Musen bitteren Stadt«, die Andreas Reimann in vielen seiner Gedichte als sein »hiesiges Land«, also Vaterland, nennt, mit dem er, aufgrund des dort herrschenden Staates, in Zwist und Streit geraten musste, Land, an dem er litt, weil es ihn ausgrenzen wollte, politisch wegen widersetzlichen Charakters, moralisch wegen Liebe zum gleichen Geschlecht, und eben überhaupt, weil er schrieb und zeichnete, was die Behörde lieber beschlagnahmte und in Akten verschloss, als es der Öffentlichkeit preiszugeben – solche Verse zum Beispiel:

Haussuchung

Sie suchen und suchen: es
Sie suchen es über den türen,
sie suchen es in den schränken,
sie suchen es in den kartons.
Sie suchen es hinter den büchern,
sie suchen es zwischen den büchern,
sie suchen es unter den laken,
dem bett und dem ofen gar.

Im spülkasten suchen sie es,
und suchens im klo.

Ich würde es ihnen ja geben,
wenn ich es hätte.
Aber ich hab es nicht.

Sie suchen wohl was, das sie brauchen,
um zu beweisen, daß man sie braucht.

Ja, die Zustände sind ihm alles andere als freundlich gesinnt, und man versteht, dass er sich ihnen verweigert oder entzieht, spöttisch und bitter, lästernd und listig, nicht ohne Federn zu lassen, »Wollust und verlust«, wie er es in einem veröffentlichten Gedicht sarkastisch in Hexametern skandiert oder eben in dieser Schlusszeile elegisch resümiert:

Nur wo man nicht ist, ist das vaterland

was mir klingt wie ein zeitgenössisches Echo auf jenes Lied vom Fremden im gelobten Land jenes Schmidt von Lübeck, das Schubert unvergänglich vertonte –

Das Land, das meine Sprache spricht,
Und alles hat, was mir gebricht?
[…]
Es bringt die Luft den Hauch zurück:
»Da, wo du nicht bist, blüht das Glück.«

Lassen Sie mich, mehr spontan als systematisch, ein paar markante Fakten und pikante Punkte aus den Lebensläufen von drei Generationen herausgreifen, Daten aus der Geschichte einer deutschen Künstlerfamilie dieser Epoche, Familienbande, in der, wie es ihm in den späten 60er Jahren ein Vernehmer auf den Kopf zusagt, »die Hetzerei wohl erblich sei«.

Der Delinquent kommentiert: »Ich wagte dem nicht zu widersprechen und verkniff es mir auch tunlichst anzumerken, dass die Abkömmlinge meiner Sippe wegen dieser ansteckenden Seuche zum ersten Mal in der Weimarer Republik, zum zweiten in der Nazizeit und zum dritten Mal im real existierenden Sozialismus inhaftiert waren.«

Der Großvater, Hans Reimann, geboren 1889 in Leipzig, ein Satiriker und Kabarettist der an Kleinkunstbühnen reichen Goldenen zwanziger Jahre, der beliebte Grotesken und Schnurren schrieb, »Sächsische Miniaturen« in sächsischer Mundart (unter anderem über den abgedankten König Friedrich August III.), und der desterwegen – Hetzerei ist vorbelastend – wegen Majestätsbeleidigung eingelocht wurde (woraufhin er Sachsen für immer den Rücken kehrte) – dieser Hans Reimann musste sich wegen Sottisen gegen die Nazis, als diese die Macht ausübten, so im Hintergrund verbergen, dass – wiederholter paradoxer Plot in der Reimann-family – sein Name nicht genannt werden darf, als er seinen größten Erfolg erlebt, nämlich als der Film, nach seinem Roman entworfen und von ihm mitverfasst, einen beispiellosen Triumphzug antritt, ein Film, der noch heute auf unseren Bildschirmen flimmert: Es ist »Die Feuerzangenbowle« mit Heinz Rühmann in der Hauptrolle und den seitdem geflügelten Pennälerzitaten an deutschen höheren Lehranstalten.

Hans Reimann hat 1959 seine Lebenserinnerungen »Mein blaues Wunder« veröffentlicht; ich wünschte mir, Passagen daraus wiederzulesen.

Sein Sohn, Peter Reimann, Vater von Andreas, geboren

1919 in Leipzig, der an der dortigen Kunstakademie studierte und zu Beginn der 40er Jahre pseudonym mit Kurzgeschichten für die Zeitschrift »Simplicissimus« debütierte, wurde 1945 in der Wehrmacht wegen »staatsfeindlicher und defätistischer Tätigkeit« verhaftet und entging wohl nur durch Zufall den landläufigen Standgerichten am Kriegsende, weil kein Filbinger, sondern sein Onkel zuständiger Kriegsgerichtsrat war.

Peter Reimann engagierte sich vor allem als Pressezeichner und Kabaretttexter für den neuen Staat im Osten, zeichnete dort für die satirische Zeitschrift »Frischer Wind« und – mit jähem Frontwechsel – seit dem Jahr 1953 für die »Tarantel« in West-Berlin, auch zu den Ereignissen vom 17. Juni 1953.

Sein Gesinnungswandel hatte in jenen Tagen des Kalten Krieges im geteilten Deutschland für Andreas Reimann und seine Geschwister verhängnisvolle Folgen: Die Mutter verübte nach der Scheidung vom republikflüchtigen Ehemann Selbstmord; die Kinder kamen in ein Waisenheim; der Vater, der sich »von drüben« vergeblich um sie bemühte, starb 1955 in West-Berlin unter bis heute nicht geklärten Umständen; das Ministerium für Staatssicherheit hatte ihn immer auf seiner Liste.

Die frühe Prägung, ja Stigmatisierung, die Andreas Reimann durch die Familienangelegenheiten widerfuhr – ein Stück deutscher Spaltung an einem authentischen Fall drastisch vorgeführt –, zeichnen seine Biographie.

Getreu dem Vermächtnis seines ihm kaum bekannten Vaters, der ihm, in seinem Geburtsjahr, 1946, die Verse widmet:

»Nun hör, mein Sohn, du wirst mir nie Soldat!«

entzieht er sich 21 Jahre später durch einen Suizidversuch dem Dienst in der Nationalen Volksarmee – »und ich war stolz, nunmehr der dritte des Reimann-Clubs zu sein, der den Waffenrock halbwegs sauber auf der Effektenkammer abgegeben hatte«.

Die söhne sind endlich das härteste urteil den vätern.
In ihnen sind nämlich die väter wie minen gelegt.
Wir suchen und suchen, und wissen nie ganz sie ent-
schärft [...].

»Genesis«

Andreas Reimanns Verse sind von Beginn an und für immer von solcher »Genesis« grundiert.

Seine Ausflüge in die sogenannte heitere Muse ganz in der Tradition seiner Väter – Songs und Chansons, Liedermacher mit eigenen Auftritten und entsprechenden Auftrittsverboten und illegalen Konzerten, zum Beispiel in Kirchen, für welche die AWA (Anstalt zur Wahrung der Aufführungsrechte) korrekt die Tantiemen überweist (»Ich habe nie so viel Kohle mit meinen Sachen gemacht wie in der Zeit, als sie verboten waren.«) –, er betreibt dieses Metier mit einem Anflug von Galgenhumor, Scherz und Ironie mit tieferer Bedeutung, die er gewitzt und weise als Überlebensstrategie einsetzt, auch um in schwierigen Situationen, den Abstürzen in Lust und Wollust, Krisen und Gnade der Sucht, zu entkommen und letztlich sich auch über sie hinwegzusetzen:

Das schlimmste war: du hast dich schwach gesehen.
So wärst du fast schon unters glas gekommen […].
»Schnaps«

Nein, Andreas Reimann schenkt sich nichts und ist trotz alledem kein Kind von Traurigkeit, und die Kunst, Gedichte zu schreiben, gilt ihm gleichviel der

[…] kunst, den salat zu bereiten […]
Und essen mit freunden (die freunde alleine sind nicht
ein vaterland, sag ich, doch ohne sie gäbe es keins) […].
»Die günstigen künste«

Liest man in seinen ersten Selbstbetrachtungen über die vergangenen Jahre, überrascht bei allen Gefährdungen, denen er ausgesetzt ist, den Unbotmäßigen, zu denen es ihn treibt, sein freundlich weltzugewandtes Gemüt, couragierte und ironische Selbstbehauptung, der jede Heldenpose als Dissident abgeht. Vom Literaturinstitut »Johannes R. Becher« wurde er einst wegen politischer Aufsässigkeit exmatrikuliert; dem Lehrer Georg Maurer, der sein Talent erkannt hat und sich für ihn einsetzt, widmet er dankbare Verse. Als Redaktionen und Lektorate nach seiner Haftentlassung seine Arbeiten boykottieren, korrigiert Max Walter Schulz ein früheres Urteil und lässt Gedichte von Andreas Reimann in der Akademie der Künste in Berlin zu Wort kommen, der vergisst es ihm nicht und hält fest:

[…] das war der tag, an dem ich an mich kam,
da mich ein mann aus mir herausgeführt.

Und die journale gaben mich bekannt
am dritten tag, und so bin ich gerettet
in viele köpfe, also in die welt.

Nun fällts mir bei, zu sagen: vaterland.

»Wirkliche reise«

Seinen Gedichten ist seitdem, wie man so schön sagt, nichts Menschliches fremd; man kann es getrost in den leider längst vergriffenen Bänden »Die Weisheit des Fleischs« und »Das ganze halbe Leben« von 1975 beziehungsweise 1979 nachlesen: Liebe und Enttäuschung wie Aufschwung und Absturz, Verzweiflung und Hoffnung, Lob des Daseins und Lästerung – poetische Offenbarungseide eben dieses Andreas Reimann, der sie schließlich – alles hat am Ende sich gelohnt – ziemlich souverän in die maßhaltenden, 14-zeiligen, akkurat und kühn gereimten Strophen seines »Sonettariums« bringt, das 1995 erscheint – Assoziationen zu Terrarium, Behälter zur Haltung von Lurchen und Kriechtieren, und Planetarium, Gerät und Raum zur Veranschaulichung der Gestirne, sind großzügig erlaubt.

Gedicht des gedichts

Bewirkungslose sind wir allesamt:
ein knapper regen, der das gras nicht labt.
Ach, armer dichter, grau und abgeschabt,
der aus dem lande aberglaubien stammt:

gedichte gehn zunichte, ehe sie
auf dem papier zum wort geronnen sind.
Die besten verse sind ein stotterwind,
wenn man sie mißt an einem schmerz, der nie

zur sprache kommt. Die liebe und der tod
sind anzudeuten, doch zu sagen nicht:
bewirkungslose sind wir allesamt …

Denn das gedicht, zu glanz und klang verdammt,
ist fast ein schweigen, wenn der dornbusch loht.
Und stirbt's, stirbt scheinbar nichts als ein gedicht.

Andreas Reimann, der sich nicht zu den Siegern der Geschichte zählt, damals nicht und heute nicht, hat – wie ich nach diesen wenigen veröffentlichten Zeugnissen weiß – mit seiner Lebensgeschichte und der seiner Väter und ihren Angehörigen einen großen Stoff vor sich, den er bisher erst in Grundzügen umrissen hat. Ich wünsche ihm die Kraft, dieses Buch zu gestalten, das zu seinem Lebensbuch werden kann; ich wünsche ihm den Verlag, der sich für dieses Projekt deutscher Kulturgeschichte mit Leipzig als Ausgangs- und Drehpunkt entsprechend engagiert. Das Leipziger Literaturstipendium für das Jahr 2000 sollte ihm dafür, ich hoffe es für uns alle, ein guter Ansporn sein.

2000

Gerhard Altenbourg (1926–1989), berühmter, in der DDR missachteter Maler und Grafiker, bekannt durch die Galerie Brusberg in Westberlin.
Zum Werk Bobrowskis schuf er eine Folge von Grafiken.

Im Bilde sein
Gerhard Altenbourg. Grafiken zu Dichtung von Johannes Bobrowski

»Aus der Geborgenheit verwandter Geister
schaut er aus nach sich selbst.«

Den Satz hat Gerhard Altenbourg seinen Blättern »Über dem Strom ein Gezweig« zu Gedichten Bobrowskis aus dem Band »Sarmatische Zeit« als Motto vorangestellt: neun Holzschnitte und sechs Lithographien, in komplizierten Verfahren oft von verschiedenen Stöcken und Metallplatten sich überlagernd gedruckt; Gedichtzeilen von Hand dazugeschrieben, »ein Gegenlicht, wild«: Grafiken, die er 1969, nur wenige Jahre nach dem Tod Bobrowskis, in einer Mappe vereinte, für mich noch immer die ebenbürtigste grafische Entsprechung der Verse, sind sie doch durch die materiale Realität der Holzstöcke und Mehrfachplattendrucke den Strömungen und Farben der Versbögen ganz nah –

[...] Schilfstrich
am Strom [...]

[...] O tiefe
Schwärze! dein Herz
voller Licht!

und heben sie in bizarrer Linierung und Wellenführung diaphan über das Irdisch-Zeitverhaftete ihres landschaftsgebundenen Terrains in die Anmut fortdauernder Bewegung –

Vogelherz, leicht, befiederter
Stein auf dem Wind.

Aus der Geborgenheit verwandter Geister – das schöne Motiv kann man zunächst gut und gern auf Bobrowskis eigene vielseitige Beziehung zur Kunst, die man die bildende nennt, in Anspruch nehmen. Kunst, er hat es einmal mehr heiter erwähnt, in der er sich zunächst selbst versuchte – »Früher hab ich gemalt. Und dann wollte ich eigentlich Musiker werden« –, um sich schließlich, da er sich von Jugendfreunden in diesen Musen überflügelt sah, zu unserem Glück ganz dem Schreiben zuzuwenden, die sinnlich vollkommene Rede zu üben, sich über Sprache –

Seele,
voll Dunkel, spät –

ins Bild zu setzen:

Nachts, tieräugig, ein Strauch
bin ich, ein Baum am Tag,
ein Wasser im Mittagsschatten,
unter der Sonne das Gras.

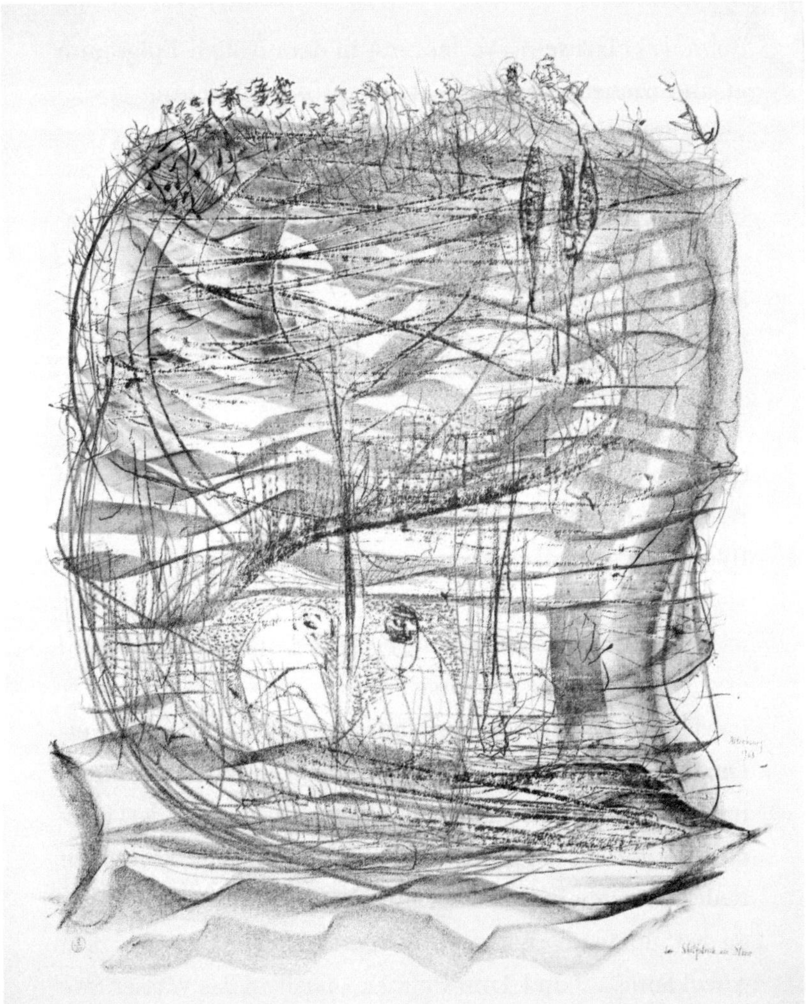

Gerhard Altenbourg, »Der Schilfstrich am Strom«,
Blatt 16 der Mappe »Über dem Strom ein Gezweig«
zu Johannes Bobrowski, 1969, Lithographie.

Bobrowski hat sein »Verfahren« in dem frühen Epigramm »Chinesische Zeichnung« vielleicht unbeabsichtigt gewissermaßen als Arbeitshypothese so umschrieben:

Viele Jahre Besinnen, um wen'ge Striche zu ziehen:
Unwiederholbar schön drängt sie das Herz in die Hand.

Maler, Zeichner, Grafiker – verwandte Geister?

Ich glaube schon. Dass Bobrowski alte russische Ikonen schätzte – er rückt sie in Gedichte –, die ihn »mit Feuerblicken« mahnten und aufforderten, das Seine zu tun, ihre Botschaft führte, fast möchte ich sagen geradenwegs, zu den Bildnissen Alexej Jawlenskijs mit dem Erkennungszeichen

Ich hab eine Linie gesehen
in meinen eigenen Augen

Denn Bilder, die ihm Gedenkzeichen, Warnzeichen waren, hat er Strich für Strich in Prosa in Szene gesetzt: »Eine Lithographie, farbig, ein großes Blatt im Querformat. Man sieht eine Bucht, ein Flachwasser mit kleinen Riffen [...]. Pjatiza, an der Südküste von Russisch-Lappland [...]. Der Mann dort ganz klein [...] und dann stellt er, so nah an das Wasser, wie es ging, ein hohes Kreuz [...]. Ein Zeichen. Ein Gedächtnis. Eine Erinnerung [...]« (»Betrachtung eines Bildes«) Und Bobrowski erzählt die Geschichte dieses Mannes, die nicht zu sehen ist, zeichnet die über alles Sichtbare hinaus ihm allein bemerkbaren Vorgänge auf, die er in unser Blickfeld rückt. »Bilder dieses Čiurlionis« zum Beispiel, auf die er, für uns unerwartet, im Roman »Litauische Claviere« zu sprechen kommt, die »merkwürdig schönen Bilder« dieses in unseren Breiten kaum bekannten litauischen Komponisten und Malers Mikalojus Konstantinas Čiurlionis (1875–1911), der seine Aquarelle auf empfindlichen Papieren malte, »die dem Licht nachleuchten«, sich ins geheimnisvoll Symbolische steigernde, ins Schweben geratende und sich verlierende Landschaften und Tableaus in Pastell und Tempera:

»Das eine: Die beiden Könige. Bräunliche und bläulichgrüne Töne, vor einem Gewirr von dunkleren Stämmen und Astwerk, durch das der Himmel mit weißen Sternfeuern scheint. Der jüngere König hält dem älteren auf den flachen Händen ein Bauerngehöft, über dem sich ein Sonnenrund geöffnet hat, entgegen«.

Surreale Szenerien und Staffagen, wie sie in Westeuropa erst eine Zeit später Stil wurden und in Mode kamen, wir sahen sie vor Jahren in Kaunas, wo man sie im Museum, vor dem drohenden Zerfall schützend, nur bei künstlichem Licht zeigt: Bilder des Čiurlionis, durch die »die Malerei bereichert und das Blickfeld im Bereich der Polyphonie (Kontrapunkt und Fuge) und der Rhythmik in der Musik erweitert wurden«, wie es Romain Rolland bewundernd feststellte.

Zu den Zeichen und Farben kommen Töne ins Spiel.

»Was beschreibt man an einem solchen Bild?«, fragt Bobrowski. »Vielleicht, daß man es immer nur ansehen soll? Und zurückgehn wie das Licht. […] Ein verlassener Raum bleibt zurück. Ein summender Ton hat sich erhoben, […] wie um die angerissene Saite einer Gitarre oder um die schwingenden Hölzer eines alten Claviers.« (»Litauische Claviere«) Bobrowski mochte Bilder, deren reale Sujets ins Phantastische hinüberspielen, um den Vorstellungen des Betrachters Raum zu geben. Bilder –

[…] aus eigener
Finsternis tönend […]

verwandt dem disparaten Gefüge seiner Verse

Nähe des Künftigen, dieser
brennende Hörnerschall.
da es dunkelt, die Stadt
schwimmt durch Gewölk,
rot.

Farbtöne aus der »Heimat des Malers Chagall«, wo sich die Menschen über die Häuser der Städte und Dörfer erheben:

[…] wie Engel […]
mit Flügeln aus Weizenfeldern […]

Die abstrakt entworfenen »Mobile von Calder«, wir sahen sie in der einmaligen Umgebung der Fondation Maeght in der südlichen Provence, werden ihm und uns in seiner poetischen Sprache zu ursprünglichen, sinnlichen Geschöpfen:

Weißes Metall
in der Luft
gehalten von Nebeln
weiß
eine Bewegung
wir geben ihr Flügel

Dein Mund
hat sich geöffnet als eine Rose

an deiner Schläfe
blättert Laub

»Johannes Bobrowski hat, solange er Gedichte machte, Gestalten aus Kunst und Dichtung beschworen. Zeitgenosse vieler Zeiten«, schrieb Christoph Meckel, Dichter und Grafiker, mehr als eine Generation jünger, und zeichnete ihm 1992 das Epitaph »Kein Wort verloren« auf grauen Karton. Bobrowski verdankt Meckel vor allem die lang ersehnte Publikation des ersten Gedichtbandes »Sarmatische Zeit« 1961 in Stuttgart und für den zweiten Band »Schattenland Ströme« eine Radierung für den »schönsten Einband, den ich mein Lebtag gesehen hab«. Er erfreute sich an Meckels »Bilderbuch für Johannes B.« und an seiner exzentrischen Figur »Moël« und antwortete ihr prompt in Versen:

Moël, dein Fisch –
Vergessen ist Vergessen
und Wiederkehr ist Wiederkehr und nichts
darüber und danach als diese Straße
aus Zäunen, Lattenzaun und Bretterzaun,
und meinem Mond,
der deinen Fisch gerufen hat.

»Brief an Moël«

Bobrowski und Meckel waren sich mit ihrer Kunst herzlich und kritisch verbunden – aus der Geborgenheit verwandter Geister, jeweils auf der Suche nach sich selbst.

Ich habe schon vor Jahrzehnten einmal wenigstens in Ansätzen zu beschreiben versucht, wie Johannes Bobrowski Arbeiten von Künstlern, die ihm nah waren, Zeitgenossen und

Freunde, oft Außenseiter des im Osten gelenkten, im Westen geschäftigen Kunstbetriebs, an den Wänden und neben den Büchern seines Arbeitszimmers in Berlin-Friedrichshagen, Ahornallee 26, um sich versammelte und stolz auf sie verwies: er, dem Künstlervölkchen aufgeschlossen zugetan wie die Künstler ihm und seiner Dichtung mit ihren Bildern. Da wäre des Berichtens kein Ende und treffende Zitate wohlfeil zur Hand; nur einiges ist davon in Anthologien und Katalogen noch sichtbar, und wir müssen uns hier mit Annotationen begnügen, zu Günther Bruno Fuchs etwa, »Dichter der Dichter, der Künstler der Künstler«, der Bobrowski neben grotesken Selbstporträts in Holzschnitten – »Herbstlaubmännchen« und »Dicker Waldschrat« – den charakteristischen Umschlag zur Westberliner Ausgabe von »Litauische Claviere« stiftete und gegen Ende der 50er Jahre mit dem Maler und Schriftsteller Robert Wolfgang Schnell in einem Kreuzberger Hinterhof die Galerie »Zinke« gründete, in der auch Autorenlesungen stattfanden, eine Berliner Bohème mit damals noch kaum bekannten Namen wie Günter Grass und eben Bobrowski, die auch nebenan im Waitzkeller des jungen Klaus Völker (heute Direktor der Hochschule für Schauspielkunst »Ernst Busch«) aus unveröffentlichten Manuskripten lasen. Eine grenzüberschreitende Berliner Kunstszene bis zum Bau der Mauer im August 61:

Gezogen
vor unsere Münder, vor
die Schwärze unserer Augen, geneigt
gegen die Nägel an unseren Händen. Mauer [...]

»Klagemauer«

Der in Pankow ansässige Mecklenburger Horst Hussel (wir sahen seine neuen Arbeiten eben in der Galerie Forum Amalienpark) widmete Bobrowski die heitere Arabeske »O die Musik« und gestaltete ihm mit ziselierter Schrift und Gravüren die pittoreske Sammlung »Wer mich und Ilse sieht im Grase – Deutsche Poeten des achtzehnten Jahrhunderts über die Liebe und das Frauenzimmer«, deren bevorzugte Stücke wir in Bobrowskis dezidierter Auswahl »Meine liebsten Gedichte« wiederfinden. Unerwartet stößt man in Bobrowskis Zimmer auf zartfarbige, plastisch herausgearbeitete Landschäftchen von Winfried Dierske, wohl dem empfindsamsten aus der Gruppe der genialen Autodidakten der Dresdner Peter Herrmann, Peter Graf, a. r. penck; Dierske – »leicht zerstörbar sind die Zärtlichen«, heißt es bei Hölderlin –, der sich später, schon erkrankt, in einer seiner zwischen kindlicher Unbeholfenheit und hellem Wahnsinn changierenden Collagen einer letzten Begegnung mit dem Dichter erinnert und ihn mit den Sätzen zitiert:

> *Das weißt du ja auch selbst: daß innerhalb der*
> *nächsten zehn Jahre die Hölle auf Erden losgehen*
> *wird – hüben wie drüben. Suche dir eine*
> *Arbeit – gehe du zu den Tieren oder zu ähnli-*
> *chen vernunftbegabten Wesen – du hast*
> *die Kraft dazu! Ich – kann das nicht mehr!*
>
> (Abschiedsworte S-Bahn Friedrichstraße –
> Ostbahnhof, Winter 1964)

Ich will es bei diesen Zeugnissen bewenden lassen. Auch Bobrowskis Ecke in seinem Zimmer, die er einzig für den Maler Albert Ebert aus Halle, den »Meister und Zauberer der

Poesie des Alltags«, reserviert hatte, habe ich schon früher zu beschreiben versucht.

Bleibt mir als Fazit seiner Vorliebe für die Künstler, die seine Zeitgenossen waren, Bobrowskis Satz, den er, nach Familienüberlieferung, mit Blick auf das Bild »Häuser im Mondschein« von Horst Sagert gesagt hat: »So möchte ich schreiben können.« Und er meinte damit auch das Unsagbare, das im Bild mit erscheint.

Dass sich an dieser hinter dem dichterischen Wort aufscheinenden Dimension seiner Verse und seiner Prosa die Einbildungskraft und Phantasie der bildenden Künstler immer aufs Neue entzündet und herausfordert, wen sollte es wundern. Wieland Förster und Werner Stötzer wurden inspiriert zu ihren Porträts und plastischen Entwürfen. Und die vielen Namen, von Anatoli Kaplan bis Adam Würtz, von Ulrich Hachulla bis Karl-Georg Hirsch, kann man längst nicht mehr alle aufzählen, ohne dem einen oder anderen Ungerechtigkeit widerfahren zu lassen.

Claus Weidensdorfer hat 1967 in einem Brief an Lothar Lang auch von den Schwierigkeiten gesprochen, die sich ihm bei der Annäherung an das Werk Bobrowskis auftaten, und wir geben ihm hier, auch im Hinblick auf die Kommenden, die sich dem Werk Bobrowskis nähern, das letzte Wort: »Mir kam an, daß man da nicht einfach eine Bebilderung vom Stapel lassen konnte, sondern dazu müßten Zeichnungen sein, in denen das allgemeine Weltgefühl mit dem Wesen des Autors und meinem eigenen zu einem homogenen Bild verschmolzen wären«.

Ausschau nach sich selbst aus der Geborgenheit verwandten Geistes.

2000

Carlfriedrich Claus und Gerhard Wolf bei einer Lesung in Chemnitz aus dem Buch »das wort auf der zunge«, Dezember 1991.

Carlfriedrich Claus (1930–1998), weltbekannter Lautpoet und Künstler von Sprachblättern, mit dem ich seit 1970 eng befreundet war. Im Verlag Gerhard Wolf Janus press erschienen »Zwischen dem Einst und dem Einst« mit den Reproduktionen seiner Grafikmappe und seine Sprachblätter »Aurora«. Vergrößerungen der »Aurora«-Blätter sind im Reichstagsgebäude zu sehen. Siehe auch: »Nun schauen mich immer mindestens vier Augen an. Der Briefwechsel Carlfriedrich Claus/Gerhard Wolf/Christa Wolf 1971–1989«, Annaberg-Buchholz, Chemnitz 2018.

Carlfriedrich Claus in dis tanz

Eine Rede über Carlfriedrich Claus zu halten, über sein Werk, über ihn selbst als Person, sein Leben als Experiment, zumal vor einem Kreis von Leuten, die ihn gekannt, mit ihm gearbeitet haben und ihm Vor-Bildliches verdanken, erscheint mir leicht und zugleich immer schwieriger.

Leicht, weil wir alle immer wieder bezaubert, wie auch in dieser Ausstellung, vor seinen – man muss es jetzt schon so nennen – unsterblichen Arbeiten stehen, uns in sie hineinbegeben, sie zu verstehen glauben oder einfach von ihnen fasziniert sind.

Aber warum das so ist, wie sein Werk da vor uns steht und auf welchen differenzierten Grundlagen es eigentlich beruht, wovon es ausgeht, wodurch es inspiriert wurde in eben dieser nun wirklich einmaligen Weise in seinen nahezu unüberschaubaren Dimensionen aus sprachmächtiger Schrift, transparenter Zeichenkunst, angewandter Philosophie, mit dem Körper in Szene gesetzten Lautprozessen – Arbeiten aus einem ganz neuen Zwischenbereich von Kunst, Wissenschaft und Psychologie, wie er von üblicher Kunstkritik gar nicht erfassbar ist – Arbeiten also, um sie ganz schlicht so zu nennen, welche die dis tanz, den dis tanz umschreiben, die hier als Motto der Ausstellung gewählt wurden – vieldeutig in der Begriffswelt von Claus – Distanz nicht als unerreichbare Ferne ins Utopische, das es bei ihm gibt, sondern, wie er es empfand, als Tanz zu sich selbst – ein Dort und ein Hier – Innen- und Außenwelt – Zwischen dem Einst, das war, und dem Einst, das kommt, als Versuchsfeld, und der Schreiber zugleich Künstler (so hat sich Claus nie genannt), ein aus Erfahrung Wissender und in unerfahrene Bereiche, ins Geheimnisvolle, sich hineinbegebender, auch den unbewussten, intuitiven Kräften vertrauender Schamane – für Claus alles keine Gegensätze, sondern sein Versuch, diese divergierenden Elemente in Schrift und Zeichen aufs Papier zu bringen, sie gegenständlich mit Händen und Füßen auf die Blätter des Buches »Aggregat K« zu bannen, also festzuhalten, und ihnen doch durch die Blattfolgen möglichst nichts von ihrer Bewegung zu nehmen. Ihr seht, wie schwierig es ist, schon diese sinnfälligen Seiten auch nur annähernd zu beschreiben, zu fixieren, was er Gespräch-Sein nennt, Prozess von dem, »Was bleibt« – denn so heißt das letzte Blatt des »Aggregats K« – wie Claus es im Entwurf nennt als »Versuchsanlage Kommunismus« – eine »materiale Kommunikation«, Klaus Werner spricht von einem »kosmologischen Traum«.

Es ist schwierig. Und wir alle sind bisher bei dem, was über sein Selbstexperiment gesagt, erläutert, erklärt wurde, noch kaum über das hinausgelangt und darauf angewiesen, was er uns selbst darüber in Tagebuchseiten, Aufzeichnungen, Selbstinterpretationen, Gesprächen und Briefen (es gibt 19 000 bisher gesichtete Stücke) an die Hand gibt. Denn seiner lebenslangen Arbeit nahezukommen, die er sozusagen von Kindesbeinen an – er bemühte sich mit vierzehn um das Hebräische – mit unbeschreiblicher Intensität betrieb, heißt ja nichts anderes, als sich mit allen Sach- und Wissensgebieten zunächst einmal vertraut zu machen, die er zurate zog; seine profunde Bibliothek, man spricht von 6000 Bänden (und das ist dem Modemagazin »art« doch eine Mitteilung wert), wird gerade erst erfasst. Sich also in die schwierigen alten Sprachen hineinzulesen, ins Hebräische, Arabische, Chinesische und die dazu gehörige Literatur: Thora, Bibel, Kabbala, Koran, von seinen Schutzheiligen der Neuzeit Paracelsus, Thomas Müntzer, Valentin Weigel, Eulenspiegel, Jacob Böhme, Marx, Lenin und nicht zuletzt Ernst Bloch zunächst einmal abzusehen, es wird, was er sich aneignete und worüber er ziemlich souverän verfügte, von einem Interpreten allein gar nicht zu leisten sein. Sein Werk, recht verwaltet, wäre ein Arbeitgeber für eine Reihe von Kennern, ich glaube, auch darüber hätte er sich amüsiert.

Ich habe einmal an einem kleinen Beispiel versucht darzulegen, wie bei Carlfriedrich Claus direkte körperliche Befindlichkeit in unmittelbarem Zusammenhang steht mit dem Prozess geistiger Verarbeitung und Ausführung, wie sich beide Komponenten gegenseitig bedingen, wechselseitig ergänzen und zu der Ausführung gelangen, die dann das Epochale seiner Werke ausmacht, weil Körper und Geist in seinen künstlerischen Entwurf eingehen (hierin sehe ich sein großes Beispiel für jede authentische künstlerische Arbeit, ganz unabhängig von ihrem Ergebnis).

Er sitzt an einem Blatt seines Zyklus »Aurora«, setzt wie selbstverständlich hebräische Schriftzeichen als Metaphern neben mit ihnen korrespondierende chinesische, sprachlich und zeichenhaft verdichtete Kürzel für die souverän abgesteckten Koordinaten eines nur ihm vertrauten welt- und zeitumspannenden Netzwerks, das wiederum neue Affekte auslöst, Bewegung vom Innen heraus, logische Folge wie in einem Vollzug. Etwa wenn er dazu dann in der »Geschichte der Maya« auf die Stelle stößt:

»Sie schliefen nicht, aufrecht warteten sie. An Herz
und Nieren
griff die Hoffnung auf Morgenröte und Licht –«

Als ich, solchen mir zunächst rätselhaften Beziehungen nachgehend, nun sämtliche Stellen in der Bibel nachschlug, in denen Morgenröte aufleuchtete, stieß ich schließlich in den Psalmen, Psalm 139, Vers 9–13, auf die Stelle, die mit der weit entfernten, in Distanz stehenden »Erkenntnis« der Maya seltsam übereinklingt, wenn es heißt:

»Nähme ich Flügel der Morgenröte [. . .].
Spräche ich: Finsternis möge mich decken! so muß die Nacht auch Licht um mich sein.
Denn auch Finsternis nicht finster ist bei dir, und die Nacht leuchtet wie der Tag, Finsternis ist wie das Licht.
Denn du hast meine Nieren bereitet [. . .].«

Carlfriedrich Claus, in seiner Stube in Annaberg-Buchholz, mitten im Arbeitsprozess, das war 1975, von Exmittierung aus der Wohnung bedroht, man lässt ihn sogar wissen, er möge doch das Land verlassen (wir haben das im Buch zu »Aurora« mit dem Briefwechsel zwischen Claus und Rudolf Mayer dokumentiert), schreibt, in rigider Selbstbeobachtung geübt, eben von einer Nierenkolik heimgesucht, in einem Brief vom 18. 4. 77 an uns:

»Im Rückblick erscheint das Phänomen ›Schmerz‹ in eigenartigem Licht: es hatte die Tendenz, das Bewusstsein aufzusaugen. Der Sog jener verkrampft zuckenden Stelle hatte *ungeheure* Kraft. Es schien, als würden Verbindungen im Bewusstseins-Koordinatensystem zerrissen … Verzögerungen, ja Unterbrechungen zwischen Impuls, Intention und Realisation eines Gedankens traten ein. Man wollte etwas sagen oder schreiben, konnte es aber nicht. Zunge bzw. Hand führten die gedanklichen Impulse nicht mehr aus. – Naja, das sind so Dinge, Vor-Erfahrungen. – […] Deine Gedankengänge, liebe Christa, zu ›Die Galgen werden grünen‹ trafen gerade während der Zeit der rezidivierenden Kolik ein und leuchteten über den Schmerzen wunderbar sanft.«

Die hebräischen Schriftzeichen aber auf dem Blatt, das den grünenden Galgen zeigt, liest Claus in dem Sinne atheistischer Kabbalisten als den Satz »Unser Körper grünt« und erläutert die chinesischen Zeichen mit einem Zitat des Dschwang dsi: Alle Dinge und ich sind eins.

Claus wollte ja, dass sich die Betrachter seiner Denklandschaften in sie hineinbegeben, also sich ihnen selbst mit ihrer Existenz konfrontieren, indem sie ihren Spuren nachgehen und sich dabei selbst stärker empfinden und zu sich finden. Sicher ein utopischer Wunsch, so wenig erreichbar wie die große kommunistische Utopie seines Gesamtwerkes.

Dass die Transponierung der »Aurora-Sprachblätter« zum großen »Experimentalraum Aurora« im neu gestalteten Reichstag in Berlin zu sehen ist, ist gewiss ein gutes Omen, und vielleicht ist es für eine ihm gemäße Präsentation noch zu früh (kein »Früher politischer Morgen«, um eine seiner Blattbotschaften zu zitieren) – zumal in diesem Ambiente, wo schon die CSU sich darüber beschwerte, dass in Günther Ueckers Meditationsraum für alle Weltreligionen das brave Kruzifix fehlt, das bei ihnen in Bayern in jedem Klassenzimmer hängt. Was würde sie zu den Signalen dieser »Aurora« sagen, wenn sie in ihnen zu lesen verstünden?

Sich in seine kommunistische Utopie hineinzubegeben und wie Carl Vogel zugleich zu erkennen, dass hier auch ein »großer Konservativer« am Werke ist, der »hohe Werte in reiner Form« bewahrt, weil diese Utopie Rückbesinnung und Vorausschau zugleich umfasst in einem über sein Jahrhundert weit hinausreichenden, kaum erschlossenen Daseinsentwurf, der ein dem Menschen würdiges Leben verheißt – es bleibt uns als sein Vermächtnis, dem wir nur schwer nachkommen werden.

Wir können bescheiden sagen, wir sind dabei gewesen und wollen das unsere dazu tun – und auch eine so bemessene Ausstellung tut es auf ihre Weise –, den Kosmos des Carlfriedrich Claus zu erforschen und für uns lebendig zu machen – ganz in unserem eigenen Interesse und damit wohl auch in seinem Sinne.

2000

Christa Cremer und Gerhard Wolf bei der Ausstellungseröffnung in der Galerie Forum Amalienpark in Berlin-Pankow, August 2001.

Christa Cremer (1921–2010), bekannt bisher nur als Gattin der bekannten Bildhauer Waldemar Grzimek und Fritz Cremer, offenbarte zu ihrem 80. Geburtstag ihr eigenes Talent als Malerin und Bildhauerin von Kleinplastiken.
Ich hielt die Rede zu ihrer aufsehenerregenden Ausstellung in der Galerie Forum Amalienpark im August 2001 in Berlin-Pankow.

Christa Cremer
Malerei – Kleinplastiken
Ergebnisse eines Lebens mit der Kunst

»Augenblicke verändern uns mehr als die Zeit«

Charlotte Wolff

Ich habe Christa Cremer eigentlich nur von gelegentlichen persönlichen Begegnungen gekannt und wusste mehr vom Hörensagen – ja, die malt auch –, dass sie, die Frau der berühmten Bildhauer Grzimek und Cremer – man kann schon sagen, fast im Verborgenen –, künstlerisch arbeitete; ein paar Ausstellungen in den letzten zwei Jahrzehnten, ich hatte sie nicht gesehen.

Natürlich war ich deshalb umso mehr überrascht, als ich sie, in Vorbereitung dieser Ausstellung zu ihrem 80. Geburtstag hier in der Galerie Forum Amalienpark, endlich in ihrem Atelier im Cremer-Haus besuchte, sie ihre Schubladen öffnete, Wände mit Ölbildern präsentierte, wie nebenbei auf anmutige Kleinplastiken hinwies, die regellos in den Räumen herumstanden (sagte sie bescheiden: Kein Vergleich zu den großen der Männer?), und wie wir dann gemeinsam die Blätter vor und um uns auf dem Boden ausbreiteten, wie sie immer noch weitere aus den Fächern hervorzog – sehr viele

Zeichnungen, Akte, Bildnisse, auch solche von Freunden: Hermlin, John, Cremer und natürlich das Pastell der Freundin Inge Keller –, eine Vielzahl von Arbeiten, aus denen wir nun auszuwählen hatten, was als Ergebnis jetzt hier an den Wänden hängt.

Wir hatten – und ich glaube Christa Cremer stimmt mir zu – keine schwache, sondern eine starke, mich irgendwie beglückende Stunde; sie freute sich mit mir, was da alles zutage trat, wie sich aus den Aquarellen immer neue Gruppierungen herausbildeten, wie verschiedene Motive, auch aus verschiedenen Jahren, überraschend zueinander in Beziehung traten, ihre eigene Welt entfalteten und schließlich zeigten – und heute hier zeigen –, was diese Frau Cremer immerhin im Laufe der Zeit so alles zustande gebracht hatte, nun beileibe nicht nur Begleiterin ihrer Männer – ich meine sie in vielen von deren Figuren und Blättern als Modell wiederzufinden –, sondern sie selbst als Künstlerin mit dem eigenen, besonderen Blick für Menschen: Menschen in Bewegung, einander zu- oder abgeneigt, in Angst, sich gegenseitig Trost spendend (Sie sehen zum Beispiel einmal das gleiche Motiv als Aquarell und als Kleinplastik), Frauengestalten, weibliche Akte in verschiedener Gestik und Konstellation, Szenen zwischen ihnen, uns bekannt und mit zugreifender Spontaneität erfasst und zugleich auch zeitlos, über den Augenblick hinweg festgehalten, Körper, Gesichter, oft mit einem gewissen Zug von Humor, möchte ich sagen, sogar zuweilen mit einem Schuss heiterer Ironie auch – um nun doch einen Vergleich zu wagen –, Humor und Ironie, wie ich sie in den Figurationen und Akten ihrer Männer kaum finden kann.

Soll man vom weiblichen Blick Christa Cremers sprechen

(von dem heute oft die Rede ist)? In einem Katalogtext heißt es – allerdings im Hinblick auf eine spezielle Auswahl von Blättern aus den 90er Jahren –, dass sie die Anmut ihrer Gestalten mit dem Blick der Tänzerin erschaut; ein Blick, der seelisches Befinden in Körperhaltung und -ausdruck wiederfindet, oder wenn sie, wie auf der Lithographie »Einer ist immer der Verführer«, wirklich ihre Puppen tanzen lässt oder, wiederum nicht ohne Selbsthumor, etwas von ihren »Täglichen Übungen« nachzeichnet, Übungen, um den Körper jung, rank und schlank zu halten (worum sicher nicht nur ich sie bewundernd beneide).

Aber ich sprach von der Gunst des ersten Blicks, des Augenblicks. Ich nehme ihn für mich nicht nur Bildern, sondern auch Gedichten gegenüber in Anspruch. Auch wenn ich mich später, vom kritischen Bewusstsein getrübt, korrigieren wollte, der erste Blick war und ist entscheidend, und er stimmt zumeist.

Also, für mich standen in Christa Cremers Atelier und zeigen sich jetzt an den Wänden nicht nur ihre vorzüglichen Aquarelle – ich erkenne besonders schöpferische Phasen zu Beginn der 80er, um die Mitte der 90er und, zu meiner Freude, Blätter aus dem Jahr 2001 –, Aquarelle, die ihre ungebrochene Frische, auch Lust am Körper zeigen. Und neben ihnen blieb mein erster Blick auch auf den gelegentlichen Landschaftsbildern haften, auf dieser »Schwarzen Scheune« (Öl von 1983), die sie gleich noch einmal malt, indem sie sich selbstbewusst vor ihr Bild setzt, das eben nur sie so malt.

Schließlich: Christa Cremers Selbstbildnisse von 1980 bis 1992, ihr sich änderndes Gesicht, einst vielleicht betont selbstsicher neben der Staffelei, dann ihr Altersgesicht, ungeschminkt, ungeschönt, auf sich selbst beharrend. Aus diesen Selbstporträts spricht auch ein Stück erfahrener Zeit über alles Persönliche hinaus.

Diese Bilder und die Gruppen der sich im Stil wandelnden Aquarelle waren für mich das Erlebnis des Augenblicks dieser erwähnten Stunde in Christa Cremers Atelier – nun hier in dieser Ausstellung.

Postskriptum: Christa Cremer ist eine außerordentliche Zeichnerin. Sie hat hier auch ein Skizzenbuch ausgelegt; beachten Sie mit mir ihren souveränen Strich.

Liebe C. C. Wir sehen hier etwas von dem, woran Sie seit über vierzig Jahren gearbeitet haben und wovon Sie manches erst jetzt an die Öffentlichkeit bringen. Ich hoffe, Sie freuen sich mit mir, mit uns über diese ansehenswerte, ich sage schlicht: ansehnliche Ausstellung – und schließlich wird man ja nicht immer achtzig.

Herzlichen Glückwunsch,

Ihr Gerhard Wolf

2001

Aus Anlass des 65. Geburtstags von Volker Braun am 7. Mai 2004 hielten Christa und ich diesen Dialog in der LiteraturWERKstatt Berlin.

C Gespräch im Hause Wolf über den in Vers und Prosa G sowohl als auch stückweis anwesenden Volker Braun

C … der ja glücklicherweise auch hier als Person anwesend ist, der heute noch gar nicht Geburtstag hat, dafür aber seine Frau Anne, der wir von Herzen gratulieren – auch dazu, dass sie das lange Zusammenleben mit einem schwierigen Menschen, der auch noch Autor ist, bravourös gemeistert hat und meistert. Aus Liebe, vermuten wir.

… Zur Sache. Zu Volkers Sachen. Das wird natürlich *Nach Lage der Dinge* eine bodenlose Angelegenheit, und wir müssen uns, auch im Interesse derer, die uns zuhören, nicht nur auf das *Wirklichgewollte*, sondern auf das *Wirklichnotwendige* beschränken.

G *Wie es gekommen ist* und *Was noch kommt.*

C *Der Sommer ist vor der Tür.* Wir können es nicht anders machen.

G Wie es gekommen ist? Ich habe schon davon erzählt, wie mir zu Anfang der sechziger Jahre als Lektor eines Verlages –

C – es war der Mitteldeutsche, der viel später die bisher gültigste Ausgabe von Volker Brauns *Texten in zeitlicher Folge* über die Wende hinaus herausgab –

G – damals also, vor gut vierzig Jahren, war es, dass mir

die respektlosen Verse eines jungen Mannes, knapp über zwanzig, auf den Redaktionstisch gerieten, die sich von allem unterschieden, was mir bis dahin untergekommen war. Ihre drastische Redeweise – Worte zueinandergerückt in waghalsigen pathetischen Formationen, deren Perioden sich oft galoppierend lustig und paradox in extremen Assoziationen überschlugen, so dass alltägliche Szenerie und große Historie forciert unmittelbar nebeneinander in die Zeilen gerieten, Redensarten und Sprüche – heute sagt man »Slogans« –, die tatsächlich Verse ergaben, Phrasen und Zitate, die zu bis dahin nicht vernommenen Metaphern wurden, die der Autor seitdem, heute seiner Sache längst gewiss –

C *Es genügt nicht die einfache Wahrheit –*

G – souverän ausgebaut hat:

> *Ich Hans Arsch Märtyrer Dichter Held*
> Wer kennt sich selbst *Hier ändre ich die Welt*
> *Hier kann ich es* Wer weiß was er vermag
> *Und was du tust sagt erst der andre Tag.*

C Das war *Ein bodenloser Satz*, lieber Volker, einer von mehreren, die wir gerne zitieren, manchmal schleicht sich ans Satzende im Lauf der Jahrzehnte anstatt des Ausrufezeichens ein Fragezeichen: »Hier ändre ich die Welt?« Vershaltig, prosaisch, stückweis bist du bei uns anwesend, öfter auch »leibhaftig«, ihr wohnt ja gleich um die Ecke, du und Anne, habt euch uns seit Langem, auch in kritischen Tagen, als Freunde geöffnet, übrigens auch briefweis: *Das werden sie uns büßen, die Angsthasen!*, schreibst du mir, erbost über eine zu niedrige Auflage eines meiner Bücher. Es ist schon so: Wir haben Volkers Texte parat oder wissen, wo wir nachschlagen müssen –

G – um zum Beispiel mit ihm zu sagen:

C *Ich den alles trifft und der alles vergißt*
Mit einer furchtbaren Hoffnung bewaffnet …

G *Ich der alles trifft und den alles vergißt*
Mit dieser offenen Wunde in den Gedanken.

C Schmerzhafte Dialektik, ja, da kennt er sich aus, grimmiges Gelächter hat nicht zuletzt er uns gelehrt, er, der sich mit seinen Texten dem Angriff der Zeit aussetzt wie kaum einer, der seine Ziele hochsteckt und sie zugleich, wie jeder wahrhaftige Autor, ständig anzweifelt, sich selbst und uns *Rede und Antwort* steht über *Die Rolle, die jeder von uns spielte*, schon seit *Provokation für mich*, seinem ersten Gedichtband, als er, auf seine Weise, auch unseren *Stoff zum Leben* fand –

G – so dass man sich, über schwierige Verse hinweg, mit einem Blick verständigen konnte, wenn wir uns fragten, *Wie es gekommen ist*, und er, Volker Braun, *Nach dem Massaker der Illusionen* weiter fragt:

Wie lange hält uns die Erde aus
Und was werden wir Freiheit nennen.

C *Aus dem dogmatischen Schlummer geweckt*

G *Du träumst, nicht wahr, du träumst mit Konsequenz*

So könnten wir uns die Bälle weiter zuwerfen. Es ist schon so: Ich könnte nahezu ein halbes Jahrhundert des 20. und auch das erste Jahrfünft des 21. Jahrhunderts mit Volker Brauns Versblöcken pflastern, die er in ganz bestimmte Strecken eingeschlagen hat und die nun wie Granitfindlinge aus all den Jahren unseren Weg markieren.

C Die immer noch Stolpersteine sind, Steine des Anstoßes, weil sie zu ihrer Zeit gesellschaftliche Zustände mit einem Satz, mit einem Schlag trafen. Von welchem zeitgenössischen Dichter könnte man das schon sagen.

G Texte verschiedener Genres, geschrieben *Gegen die symmetrische Welt*, deren Stoßrichtung nach Hölderlin nicht nur auf eine Schwachstelle in unserer Zivilisation, sondern auf eine »Menschenharmonie« zielte. »Aber die Besten unter den Deutschen«, sagt Hölderlin, »meinen meist noch immer, wenn nur erst die Welt hübsch *symmetrisch* wäre, so wäre alles geschehen«, und Braun antwortet – schon 1966, und es gilt noch heute –: *Der technische und der ideologische Fortschritt können nicht mehr so kraß auseinanderklaffen, wenn die gesellschaftliche Entwicklung bewußt und alle dienlichen Tätigkeiten nutzend vollzogen wird. Wenn sie harmonischer wird, nicht einseitig und aus Verlegenheiten auf einzelnen Gebieten hypertrophierend.*

C *Wir und nicht sie*, forderte Volker, was hieß, wir sollten uns üben im *Training des aufrechten Ganges*, wie die *Rechtfertigung des Philosophen* – wir wissen, wen er meinte – es dringlich erhoffte.

Was immer kommt, ist besserschlechter oder als
Was mir die Augen öffnet, nicht die Lippen.

G Auftritt *Hinze und Kunze* – noch immer unter uns, das Marketing gelernt und die Automarke gewechselt, dauerhafte Gestalten. Und: Auch Merkmale der *Übergangsgesellschaft* erkennen wir wieder –

C – und wieder sehen wir, der *Große Frieden* steht noch immer in den Sternen –

G – und *Die Verhältnisse zerbrechen* gelingt uns so wenig, wie Georg Büchner es vor anderthalb Jahrhunderten schon wusste –

C – so dass wir, *Nach Lage der Dinge*, nur wiederholen können:

Auf dem gefährlichen Boden, wo man Stellung bezieht,
wo Absichten wurzeln, wo ein Narr die Arbeit macht,
der scheitern will, und Gelingen *ist Scheitern.*

G »Aber der Narr will nicht« nennt just – Zufall? – sein Kollege Christoph Hein seinen neuen Essayband.

Lustgarten, Preußen hat Volker Braun eine strenge Auswahl seiner Gedichte genannt – wir hätten sie weit umfangreicher angelegt –, sie stehen nun zum Vergleich mit denen, die von Peter Hacks oder Rainer Kirsch als »Kunst in der Mark Brandenburg« gesehen werden. Volkers Verse sind offener und sarkastischer, ohne Konkurrenzgetändel, ohne Sottisen.

C Ein Gedicht ist dabei, das mir für den vom Feuilleton so dringlich gewünschten Wenderoman gilt –

G – *Das Eigentum*, ein Gedicht, das, von Vers zu Vers sich steigernd, in lauter Hauptsätzen nichts als Klartext redet, der stehen bleiben wird als Zeugnis für eine Epochenwende, da *Der Planwagen der Händlerin/Und der Eisenwagen der Genossen* aufeinander stießen:

C *Was ich niemals besaß wird mir entrissen.*
G *Was ich nicht lebte, werd ich ewig missen.*
C *Die Hoffnung lag im Weg wie eine Falle.*
G *Mein Eigentum, jetzt habt ihrs auf der Kralle.*
C *Wann sag ich wieder* mein *und meine alle.*

G *Schreiben im Schredder* – einst und jetzt, eine nüchterne Feststellung. Nicht durch widrige Zeitumstände, nicht durch Verführung zu künstlerischer Attitüde hat Volker sich davon abbringen lassen, sein *Terrortorium* präzis zu vermessen –

C – immer *mit spitzem Fuß auf dem Weltriß*, das ist sein Ort, immer mit Blick auf die *verstreuten, tätigen Gefährten*. – *Wir sind aus solchem Stoff, wie Akten sind*, schrieb er mir einmal aus gegebenem Anlass, und: *Darum müssen wir aufeinander achtgeben*.

G Wir kommen zum Ende.

C Sind wir ihm gerecht geworden? Haben wir ihn, zum Beispiel, als sinnlichen Autor genügend gewürdigt? *Als wirklichen sinnlichen Menschen*?

Der Stoff zum Leben, der nach Liebe schmeckt
Und Salz und Tod, ich habe ihn geleckt.

G So sagt er, mit großer Gebärde, um schon auf der nächsten Seite einen *Tagtraum* zwischen Nord und Süd – und auch unser Zwiegespräch – also zu beschließen:

Der Lorbeer bloßen Wollens hat nie gegrünt!
Und irdisch ist und fahrlässig unsre Bahn
Ich muß auf eine Seite, muß es.
Aber ich ahne nur meine Worte.

Damit, mit unserer *sträflichen Liebe* auf *frischer Tat*, beenden wir für heute unser Gespräch –

C – und überlassen Volker *Die Heidenarbeit gegen den Schnee der Verse*.

2004

Gino Hahnemann (1946–2006) gehörte zu den begabten Autoren des Prenzlauer Bergs.
Er wurde besonders durch seine Super-8-Filme (siehe »Gegenbilder«, Gerhard Wolf Janus press 1996) bekannt.
Im selben Verlag erschien 1994 sein Buch »Exogene Zerrinnerung« mit Texten, Fotografien und Abbildungen seiner vielfältigen, homosexuell geprägten Performances.
Ich hielt ihm die Grabrede auf dem Dortheenstädtischen Friedhof Berlin.

Worte für Gino Hahnemann

dort hätte ich bleiben können
ausgestreckt zwischen schönen
leibern ohne gesicht
ohne alter
ohne sprache
mit großem geschlecht
ein reumütiger hanswurst
auf der suche nach freundschaft

Vielleicht hat er in keinem anderen Text wie diesem formulieren können, warum es ihm auf dieser Erde länger zu bleiben nicht gegeben war. Gino Hahnemann, nicht nur Außenseiter, vielmehr ein Einzelgänger, »ohne gott & vaterland«, unangepasst, und wenn ich seine Texte danach befrage, nicht, wie er es ersehnte, auch wirklich geliebt. Etwa, wenn ich lese:

Meine Auffassung von Liebe ist so seltsam
Wie ihr Anlaß ungewöhnlich und erhaben ist:
Sie wuchs aus Verzweiflung
Ins Unglaubliche
Wie zwei Geraden, so können zwei,
die schief zueinander liegen,

Sich an jeder beliebigen Stelle treffen.
Aber unsere Lieben können – vollkommen parallel
Und ins Unendliche ahnend –
Niemals zusammen kommen.

Gino Hahnemann, ein Apostat, abtrünnig und widersetzlich, eben andersherum, wie man im Thüringer Volksmund, fast ohne Diskriminierung, einen Schwulen nennt. Ein Mann von Eigenart, der allerdings kein Hehl daraus machte, sondern, ganz im Gegenteil, dieses Schwulsein drastisch, manchmal auch aggressiv zur Schau stellte. In Texten und farbigen Körperbildern, Bodypainting, wie man das nannte; Bild-Körper in seinen Super-8-Filmen zu Texten, die, wie es Peter Böthig von ihnen sagt, »auf eine unmittelbare Körperlichkeit insistieren, [...] voller Energie, spröde, brutal und assoziativ«, eben »Texte, die von sich aus Genre- und Körpergrenzen überschreiten, [...] nicht kolonisiert im Gattungsmuster. Gedichte können Filme werden, Essays, Drehbücher«.

Das Unangepasste seiner Existenz verband diesen 1946 in Jena Geborenen, der in Weimar Architektur studierte und mit Diplom abschloss, der in keiner ihn befriedigenden Laufbahn oder Stellung als Bühnenbildner oder Filmemacher recht heimisch werden konnte, es verband ihn mit den »aus der Reihe« fallen- und tanzenden Künstlern um und vom Prenzlauer Berg. Ihren illegalen, subversiven Zeitschriften »schaden« und »verwendung«, »ariadnefabrik«, »Entwerter/Oder«, »USW« gab er seine Texte, denen er mit dem Credo »gegen eine vorschnelle Mehrheit« ein gültiges, nun ganz zu ihm passendes Motto gab.

Aber auch in diesem Kreis der, wie wir später erfuhren,

nun beileibe nicht Unabhängigen, blieb er wiederum ein Einzelgänger; »der schöne Gino«, wie er genannt wurde, den Andreas Koziol in seinem literarischen Bestiarium in Gestalt und Gefieder eines Vogels, einer Gabelweihe, sah, mit einer irregulären »spreiz- und einfaltbaren Haube«, und damit auch auf sein aus dem Rahmen fallendes Anderssein im allegorischen Bild hinwies. Gino unterschied sich auch von den meisten dieser Autoren dadurch, dass er sich nicht nur in der gegenwärtigen Literatur auskannte, sondern sich auch mit ihr und der von ihr bevorzugten tradierten Kultur in streitbaren und umstrittenen Gegenbildern direkt konfrontierte, besonders mit ganz individuellem Gestus in seinen damals und heute merkwürdigen, sich ins Absurde steigernden Konstellationen seiner Super-8-Filme gegen das herrschende Bild der Klassiker wie Goethe oder in der, sicher auch der Kirche nicht gerade angenehmen, ketzerischen Travestie »Unser täglich Luther gib uns heute«. Franz Fühmanns Kaspar-Hauser-Bild hat er in »Kaspar Hauser stirb!« blutig verfremdet. Und die Hölderlinzeile »Ein Zeichen sind wir [...] und haben fast die Sprache in der Fremde verloren« transponierte er obsessiv auf die künstlerische Szene selbst, nahm ihre Protagonisten als kostümierte Mitspieler, wie die Keramikerin Wilfriede Maaß, die Maler Cornelia Schleime und Helge Leiberg, dafür in Anspruch. Als Hölderlin ließ er Sascha Anderson agieren. Und seinem Part ist – sonderbare Voraussicht – der damals gängige Titel »A spy in the cab« unterlegt: Ein Spion als Lokomotivführer oder Taxi Driver ...

Gino hat die Stimme Stephan Hermlins mit einer Stelle aus dessen Erzählung »Abendlicht« seinem Film »Das Paradies vergesse ich nie« von 1982 integriert; melancholische

Assoziationen, die einer verlorenen Kindheit nachtrauern … »Mehr war da nicht. Es war das Leben, es machte müde und glücklich.«

Hinter seinen oft exzessiven Darbietungen verbirgt sich nicht selten der reumütige Hanswurst auf der Suche nach Freundschaft. Es ist gut, dass man einem Schriftsteller mit seinen eigenen Worten nachrufen kann. Mir ist Gino immer als ein freundlicher, freundschaftlicher Mensch begegnet, dankbar, dass man seine Texte ernst nahm und sie in die Welt zu bringen versuchte.

Nach der Wende fasste er, in seiner materiellen Existenz nicht weniger unsicher, so wenig Fuß wie in den Zeiten davor. Er konnte endlich die Städte, Orte und Länder besuchen, nach denen er sich zuvor gesehnt hatte. Er war, da konnte ich einmal vermitteln, Stipendiat auf Schloss Solitude bei Stuttgart, war Gast im Grass-Haus in Wewelsfleth, in Wiepersdorf. In Wien konnte er seine Großprojektion »Das Verschwinden gekrümmter Flächen in einer Ebene« realisieren; kein optimistisches Stück, »kontrafizierte Odyssee-Landschaft«, lese ich in einem Prospekt. Er war in Paris und in Rom, war in Salzburg und der Schweiz, war in Konstantinopel und sandte uns jeweils von dort seine dichterischen Signale, oft sarkastisch grundiert wie zuvor:

mein unbeschnittener schwanz
war kein anschauungsmaterial
für die koranschule

»gedicht: instantinopel«

Er war immer auf der Suche – ja, ich frage mich, eigentlich wonach, er, der selbst hier, also in Berlin, wo er wohnte, keine Heimstatt hatte, oder, wie es einmal heißt:

heimat blieb
eine dem fensterrahmen
eines fahrenden zuges
überlassene landschaft
zwischen wiener café
und ringbahnstation
die schönhauser allee
ohne ufer

einhundert
als regentropfen getarnte augen
am straßenbahnfenster
als zeugen …

Vor Wochen ließ er mir alle seine Super-8-Filme auf DVD umgeschnitten zukommen. Ich hätte sie alsbald mit ihm zusammen noch einmal ansehen müssen, um mit ihm darüber zu reden, anzuerkennen, zu streiten. Wie es um ihn gesundheitlich stand, ließ er nicht wissen; die Nachricht von seinem Tod erreichte mich ahnungslos, und nun muss man mit ein paar unzulänglichen Worten zu ihm sprechen, auf die er nicht mehr antworten kann. Hörten wir nicht – und das ist der große Vorzug des Schriftstellers über seine Lebenszeit hinaus – seine Texte, mit denen er, wenn wir nur wollen, jederzeit zu uns sprechen kann. Seine Stimme, die da sagt:

auf der suche nach freundschaft

grub ich gräber
ein gast war ich meiner natur
und ihr vollstrecker
im tempel
ohne gott & vaterland
grub ich gräber
in achselhöhlen aufgeknöpfter uniformen
meines königs
in selbstzufried'ne augen der verbannten
in lenden müder zweifel aus verführung
ins eigne intime grab grub ich

da hätte ich nicht bleiben können
gehetzte dieser nächte
auf zum letzten gefecht

2006

Das Archiv der Akademie der Künste zu Berlin veranstaltete eine Ausstellung zu subversiven Texten und Künstlerbüchern, die in der DDR nicht offiziell erschienen waren.
Zur Eröffnung am 26. November 2006 hielt ich diese Rede.

In zügelloser Sprache

Wir haben diese Ausstellung nach dem Titel des Buches »zügel los« von Gabriele Kachold genannt. Eine Anthologie, die ich 1990 in der Reihe »text + kritik« mit herausgeben konnte, hat den weitaus treffenderen Titel »Die andere Sprache«.

Was damit gemeint war, hat Durs Grünbein in seinem Text »MonoLogisches Gedicht No. 4« von 1988 so formuliert, dass ich es als Motto für diese Ausstellung und die Autoren, die hier lesen, nehmen möchte:

Du verfolgst deine eigen-
sinnigen Pläne du stellst

die Bilder um ordnest die
Augenblicke aber du hörst

ihnen nicht zu wie sie
ganz anders ordnend ihre

eigensinnigen Pläne ver-
folgen wie sie die Bilder

umstellen zufällige Gesten
zeigen in denselben Räumen

sich anders bewegen bemüht
dir nicht zuzuhören. Das

ist der springende Punkt.

Was war der springende Punkt? Ein alternatives poetisches Programm.

In der zweiten Hälfte der 70er Jahre begann in der DDR die Generation der um die Mitte der 50er Jahre Geborenen mit ihren begabten Dichtern in einer anderen Sprache zu sprechen. Sprache in Absage und Protest gegen eine offiziell benutzte, verordnete Sprache, mit der in Verlautbarungen, in den Medien, Macht ausgeübt wurde.

Gegen diese missbrauchte Sprachregelung setzten diese Autoren ihre eigenen Worte, sagten wie Bert Papenfuß: »Ich sehe mich nicht als Experimentator an der Sprache, sondern das ist mein Leben.«

Da sie für diese Texte keine Verlage fanden – oder auch nicht finden wollten –, publizierten sie eigene, in Selbstverlag und Selbstvertrieb geschaffene Publikationen. Zeitschriften hießen »schaden«, von 1984 bis 1987 17 Hefte, herausgegeben von flanzendörfer, Leonhard Lorek, Peter Böthig und Sascha Anderson, der über alle Aktivitäten die Staatssicherheit informierte, darüber wird in dem Band »MachtSpiele«, 1993 herausgegeben von Peter Böthig und Klaus Michael, detailliert berichtet. Egmont Hesse gab seit 1988 die Zeitschrift »verwendung« heraus. Es gab die Zeitschrift »Mikado« (Herausgeber Uwe Kolbe, Lothar Trolle, Bernd Wagner), 9 Hefte 1983 bis 1987, »ariadnefabrik« (Herausgeber Rainer Schedlinski), 1986 bis 1989 20 Hefte, »Liane« (Herausgeber Michael Thulin), seit 1988 6 Hefte, in Leipzig die Zeitschrift »Zweite Person«, herausgegeben von Heide Härtl und Gert Neumann.

Wie Sie sehen, eine reiche Palette nicht genehmigter Literatur. Bildende Künstler aus dieser Generation entwarfen in expressiven »wilden Bildern« mit explodierenden Körpern und Köpfen, rissig-rauen Skulpturen, mänadischen Kassandren subversive Szenarien, die dem angesagten »sozialistischen Realismus« Hohn sprachen. Kurz gesagt: Diese Dichter fanden in der DDR keine Verlage, die Künstler kaum Zutritt zu offiziellen Ausstellungen. So sahen die Dichter unter den Künstlern ebenbürtige Partner für die Produktion eigener Künstlerbücher und Grafik-Mappen in Korrespondenz von Text und Bild, die nicht der Genehmigung der Zensur bedurften.

Eine große Anzahl von künstlerischen Editionen, vom Expressionismus inspiriert, Blätter von starker sinnlicher Ausdruckskraft wie selten zuvor in deutscher Kunst.

Wir besuchten die Autoren bei illegalen Lesungen in ihren Wohnungen, die Künstler in ihren Ateliers: in Dresden, Karl-Marx-Stadt (Chemnitz) – dort Carlfriedrich Claus mit der Gruppe »Clara Mosch« –, in Berlin, vor allem im Prenzlauer Berg, Anlauf-, Wirkungsstätte und Durchlaufstation für Ausreise in den Westen.

Wir lasen ihre ungewöhnlichen Texte, erwarben von ihnen die Zeitschriften, Grafik-Bücher und Grafik-Mappen in Wort und Bild. Manchen konnten wir Hilfe leisten; es entstanden Freundschaften. Erst seit 1988 konnten Bücher dieser Autoren »Außer der Reihe« im Aufbau-Verlag Berlin erscheinen, von mir als Herausgeber ausgewählt und betreut (als Mitarbeiter kam Tilo Köhler dazu), es erschienen immerhin elf Debüttitel. Die Reihe wurde 1991 »aus marktwirtschaftlichen Gründen« eingestellt und leider auch aus dem Verkehr gezogen, heute eine antiquarische Rarität.

Ich startete mit einigen Autoren 1991 meinen Verlag Janus press, fast alle Bücher mit Grafiken aus dem Kreis der erwähnten Künstler.

Parallel zu dieser Ausstellung hier im Kabinett des Archivs der Akademie der Künste eröffnen wir mit Bildern und großformatigen Malerbüchern am 1. Dezember in der Galerie Forum Amalienpark in Pankow die Ausstellung »Im Malstrom subversiver Bilder«. Autoren lesen dazu, während die Ausstellungen zu sehen sind, an Abenden im Literaturforum im Brecht-Haus.

Noch ein Wort zu dieser Sammlung im Archiv der Akademie der Künste. Ich würde mich nie als Sammler bezeichnen. Zu den ausgestellten Stücken kam es durch persönliche Bekanntschaft mit den Autoren und Künstlern; manchmal, weil mir bestimmte Arbeiten gut gefielen, manchmal auch, weil die Hersteller Geld brauchten. Dass da einiges zusammenkam, entstand aus solchen Sympathien.

Ich bedanke mich herzlich bei Sabine Wolf, bei Martina Hanf und als Gestalterin bei Simone Schmaus, dass sie in dieser Ausstellung konzentriert und eindrucksvoll Ein-Blick in die Sammlung gewähren.

Es lesen die Autoren Jan Faktor, Gert Neumann, Bert Papenfuß. Ich stelle sie Ihnen jeweils vor.

Jan Faktor,
1951 in einer deutsch-jüdischen Familie in Prag geboren, übersiedelte 1978 in die DDR nach Berlin. Er arbeitete, weil er hier als Programmierer in der Datenverarbeitung keine

Plakat zur Ausstellung »Im Malstrom subversiver Bilder«
in der Galerie Forum Amalienpark, Dezember 2006.

Beschäftigung fand, in verschiedenen Berufen und schrieb in Kontakt zu Autoren vom Prenzlauer Berg seine sprachexperimentellen Texte, die er 1989 in »Außer der Reihe« in einem ersten Buch publizieren konnte: »Georgs Versuche an einem Gedicht und andere positive Texte aus dem Dichtergarten des Grauens«. Bei Janus press erschien 1991 »Henry's Jupitergestik in der Blutlache Nr. 3 und andere positive Texte aus Georgs Besudelungs- und Selbstbesudelungskabinett«.

Für die »Körpertexte« von 1993 erhielt er den Kranichsteiner Literaturpreis. Die Texte finden sich auch in dem Band »Die Leute trinken zuviel, kommen gleich mit Flaschen an oder melden sich gar nicht oder Georgs Abschiede und Atempausen nach dem verhinderten Werdegang zum Arrogator eines Literaturstoßtrupps« von 1995.

Faktor hat sich in Beiträgen schon früh polemisch mit der Literaturszene vom Prenzlauer Berg auseinandergesetzt.

Sein Roman »Schornstein«, erschienen 2006, wurde schon im Manuskript mit dem Alfred-Döblin-Preis der Akademie der Künste Berlin ausgezeichnet.

Gert Neumann,
eigentlich eine Generation früher, 1942 geboren in Heilsberg/Ostpreußen, war gelernter Traktorist und Schlosser und konnte zunächst am Literaturinstitut »Johannes R. Becher« in Leipzig studieren, wurde aber 1969 wegen kritischer Texte exmatrikuliert und aus der SED ausgeschlossen. Er setzte sich über das Verbot des Büros für Urheberrechte der DDR hinweg und veröffentlichte seinen ersten Band »Die Schuld der Worte« 1979 in der von Thomas Beckelmann herausgegebenen Collection S. Fischer in Frankfurt/M. Dort erschien 1981 auch sein Roman »Elf Uhr« – das nun wirk-

lich erregende Tagebuch seiner Tätigkeit als Schlosser im großen Leipziger Kaufhaus. Man sah in dem Buch eine der wichtigsten Nachrichten aus der DDR, zugleich ein vehementes Manifest zur Verteidigung einer alternativen Poesie. »Die deutliche Sprache des stattfindenden Denkens, das sich auf diese schweigende Art rein hält [...] also können die neuen Generationen, dachte ich, die vorgefundene Sprache erlernen, wenn die Bezeichnungen als Gegenstände gelehrt werden?« Neumann entwarf für seine Literatur – ich nenne noch den Roman »Die Klandestinität der Kesselreiniger«, 1989 – eine eigene Ästhetik der Klandestinität als einer unsichtbaren, bisher verschwiegenen Sprache, die er aus Klischees und Ideologien befreien will, um »die Praxis, die Freiheit zu retten«.

Gert Neumann wurde nach einer Neuauflage seines Romans »Elf Uhr« im DuMont Verlag Köln 1999 höchst verdient mit dem Uwe-Johnson-Preis ausgezeichnet.

Ich bin gespannt, was er liest.

Von Bert Papenfuß,
geboren 1956 im mecklenburgischen Stavenhagen, gelernter Elektronikfacharbeiter und für Jahre Beleuchter an Theatern in Schwerin und Berlin, las ich 1978 zuerst den Text »erzaehl das mal keinem so naif« – und das Wort »naif« war nicht mit stimmhaftem v, sondern stimmlosem f geschrieben, so dass es sich wie das englische »knife« – also »Messer« – anhörte. Und er schrieb die Worte seiner Texte – indem er sie beim Wort nahm – in dem Sinne, den er ihnen selbst gab, und nicht in einem fremden, der ihnen unterlegt ist – angesichts der zu falschen Zwecken verwendeten Sprache, der verkehrten Begriffe.

Wir lernten uns kennen, er gab mir seine Manuskripte, und schließlich konnten wir aus einem Querschnitt durch diese Texte als ersten in »Außer der Reihe« 1988 den Band »dreizehntanz« veröffentlichen, er hatte etwa dreizehn Manuskripte und circa dreizehn Jahre warten müssen, bis er ihn publiziert sah.

Ich habe dann im Verlag Janus press die ursprünglichen Manuskripte getreu nach ihrer Entstehung gedruckt: »naif« – »till« – »harm« – »TrakTat zum Aber« – diesem Band beigelegt eines der Gutachten aus der Operation Personenkontrolle »Fuß« der Staatssicherheit mit der »Einschätzung«: »einer Mischung aus kindischer politischer Gegnerschaft [...] mit einem Schuß Dadaismus und [...] eine hemmungslose Verachtung gegenüber der deutschen Grammatik [...]« mit dem Schlusssatz: »Er wird mir verzeihen, wenn ich einmal die bestechendste Vokabel der Punk-Lyrik für seine Werke gebrauche [...] – ›Scheiße‹.«

Die Akademie der Künste der DDR hat Papenfuß für diese Lyrik 1991 mit dem F.-C.-Weiskopf-Preis ausgezeichnet. Volker Braun hat ihm 1998 in Wien den Erich-Fried-Preis zuerkannt.

Er liest aus dem Buch »dreizehntanz« von 1988.

2006

Mit Günter Grass (1927–2015) waren wir seit dem Mauerfall gut befreundet und in ständigem Meinungsaustausch. Ich konnte schon 1991 »Signaturen gegen die gesinnungslose Zeit« noch in der Ostberliner Akademie der Künste vorstellen, und er hatte später in der Galerie Forum Amalienpark Berlin-Pankow weitere Ausstellungen seiner Grafiken und Skulpturen – verbunden mit Lesungen aus seinen neuen Texten in der Alten Pfarrkirche in Berlin-Pankow.
Hier der Text zu der letzten Ausstellung »Signaturen zur Zeit« von 2007.

Günter Grass
Signaturen zur Zeit

Es ist die dritte Ausstellung mit Arbeiten von Günter Grass, die ich heute Abend eröffnen kann. Und diese Ausstellungen hatten und haben, nicht nur, wie es scheint, für ihn und für uns, sein Publikum, jeweils einen aufregenden, aufgeregten Hintergrund. Ein Zufall? Nein, ich glaube, es ist dem geschuldet, wie er nun einmal als Autor und Künstler in diesen Zeitläuften Position bezieht.

Im Wendejahr 1991, es war seine erste Ausstellung in Ostberlin, in der eben noch bestehenden Akademie der Künste der DDR am Robert-Koch-Platz, als er seine Zeichnungen »Zunge zeigen«, sein skizziertes Tagebuch von einem Aufenthalt in Kalkutta, vorstellte – Sie sehen hier drei Grafiken nach diesen Motiven – und dazu seine Kohlezeichnungen verwüsteter Landstriche, »Totes Holz«, zum Waldsterben in unserer näheren Umgebung, in Dänemark, im Harz, im Erzgebirge, kranker Wald, in den eben Herr »Kyrill« wieder tüchtig Schneisen geschlagen hat. Ich nannte die Ausstellung des Zeichners Grass damals »Gegen die gesinnungslose Zeit«. Heute möchte man ihm die Gesinnung zum Vorwurf machen, weil er jetzt bisher nicht Gesagtes offenlegte.

Wir hatten dann 1999 hier in der Galerie Forum Amalienpark die Ausstellung seiner Aquarelle und Grafiken in Kor-

Plakat zur Ausstellung von Günter Grass in der Galerie Forum Amalienpark, 2007.

respondenz zu seinem Buch »Mein Jahrhundert«, aus dem er zum ersten Mal in der Pankower Kirche las, vor vielen Zuhörern, die seinen großen Zeitroman »Ein weites Feld« mit aufmerksamer Anteilnahme gelesen haben, unbeeindruckt von der politisch akzentuierten Polemik eines gewissen Kritikers, der es wütend, nicht nur in der Luft, zerriss.

Vielleicht haben mir – nicht erst damals – von seinen früheren Blättern vor allem die hart konturiert und zugleich surreal gewagten Szenerien zu seinem Buch »Das Treffen in Teltge« in die Augen gestochen. Diese sich aus Steingeröll mit der Schreibfeder kühn herausreckende Hand, symbolisches Zeichen für die deutschen Barockdichter des Dreißigjährigen Krieges; man sah im Text des Buches auch Anspielungen auf den Autorenkreis der »Gruppe 47«. Für mich aber war es zugleich eine Geste, mit der sich der Künstler Grass selbst mit den schwierigen Anfängen seines Werkes kennzeichnete – ich zitiere: »ich [...] befreundete mich mit dem Risiko, als Außenseiter dem jeweiligen Zeitgeist widerstehen zu müssen«. Eine Haltung, die ihn bis heute auszeichnet. »Das hatte Folgen«, schreibt er, »nur in Einzelausstellungen, und immer abseits der wechselnden Moden, konnte sich mein künstlerisches Werk behaupten; so blieb es randständig bis heute.«

Ich möchte Sie auch aus Anlass dieser Ausstellung auf wichtige Passagen seines Erinnerungsbuches aufmerksam machen, in denen Grass berichtet, in welcher Situation die Kunst und Kulturpolitik sich befanden, als er in den 50er Jahren zu studieren begann. Damals, als der Maler Carl Hofer, als nicht sozialistischer Realist vom Osten vertrieben, im Westen als Verteidiger des Gegenständlichen »gegen den absolut behaupteten Vorrang gegenstandsloser Bilder, deren

Manier […] als modernste Moderne gepriesen wurde […], als ›Reaktionär‹ verschrien« war. Ich zitiere weiter Grass, weil das in so knapper Eindeutigkeit bisher kaum bekannt wurde:

»Als Hofer schließlich auch noch Amerika als Ursprungsland des allerneuesten Dogmas beschuldigte – dort sei das Neue an sich und um der Neuheit willen wertvoll und gut fürs Geschäft –, wurde er als verkappter Kommunist beschimpft, und zugleich kam ein Verdacht auf, der […] später erneuert wurde. Archivforscher behaupteten, es habe der amerikanische Geheimdienst CIA aus politischem Kalkül die gegenstandslose und informell genannte Malerei ihrer dekorativen Harmlosigkeit wegen gefördert, auch weil so der Begriff ›Moderne‹ fester Besitz des Westens zu bleiben versprach.« Grass nahm die Partei des Malers Hofer.

Und ich habe das so ausführlich zitiert, um wenigstens eine Ahnung davon zu vermitteln, vor welchem Hintergrund sich der »randständige« Realismus seines bildnerischen Werkes herausbildete.

Wir können von diesem Werk hier nur Fragmente bieten. Grafiken aus der Mitte der 70er Jahre bis in die jüngste Zeit, wenigstens in einem Überblick. Hilke Ohsoling vom »Grafischen Kabinett Günter Grass« hat die Arbeiten ausgewählt, ich habe versucht, ihnen den entsprechenden Raum zu geben, vom Entree mit den Bildern aus dem Umkreis des Buches »Das Treffen in Teltge« zum Raum mit seinen exquisiten Küchenrezepten; ein kurzer Blick auf seine realen und zugleich apokalyptischen Ratten bis hin zu den Tagebuchskizzen von der dänischen Insel Moen, wo er alljährlich im Sommer ist.

Natürlich durften die Lithos und Skulpturen zu den Zeichnungen des Buches »Letzte Tänze« nicht fehlen, Figurationen in allen nur möglichen Bewegungen zwischen Schieber und Ragtime, das Buch gibt da noch weit gewagtere Positionen preis. Und Kopfstand, habe ich sagen hören, versucht auch noch der nahezu Achtzigjährige selbst.

Zum 200. Geburtstag von Hans Christian Andersen fand er für die ihm vertrauten Märchen seine Schattengestalten.

Der Butt schließlich, dieser real essbare und zugleich schon sagenhafte Fisch, der ihn lebenslang begleitet, ihm hat er bis heute geradezu phantasmagorische Gestalt verliehen. Als »Butt im Griff« war er Skulptur für den Bücherpreis der Leipziger Buchmesse 2002.

Ich freue mich, dass wir Günter Grass nicht nur als Autor, sondern auch als Grafiker und Bildhauer hier zu dieser Ausstellung begrüßen können, und hoffe, dass sie auch ihm gefällt.

2007

Der deutschsprachige tschechoslowakische Dichter Louis Fürnberg (1909–1957), Komponist und Interpret seiner Lieder, übersiedelte 1954 in die DDR nach Weimar. Zuvor war er Anfang der 50er Jahre bis zu seiner Abberufung in der Botschaft der ČSR in Berlin Kulturattaché. Sein Vorgesetzter, Botschafter Otto Fischl, war nach der Verurteilung in den Slánský-Prozessen 1952 hingerichtet worden.
Ich schrieb 1956 über Fürnberg meine Examensarbeit an der Humboldt-Universität zu Berlin, die 1961 überarbeitet als Buch veröffentlicht wurde – »Der Dichter Louis Fürnberg. Leben und Wirken. Ein Versuch«.
Seit unserer ersten Begegnung kam er uns in lebhafter Freundschaft entgegen.
Nach seinem Tod konnte ich 1959 in Weimar über ihn und sein Werk eine Ausstellung veranstalten und gab mit seiner Frau Lotte Fürnberg seine »Gesammelten Werke« heraus. Meine Auswahl »Lebenslied« aus seinen Gedichten von 2009 versucht eine Bilanz. Dazu hier das Nachwort.

Louis Fürnberg
Traum und Wirklichkeit eines Dichters

1 Liebe zu Böhmen

»In diesem Land, wo ich geboren bin,
erfüllt sich mein Gedicht.«

Man hat es wohl vergessen, dass der Dichter Louis Fürnberg, der 1957 in Weimar starb, 1909 im Mährischen geboren, eigentlich in Prag – Schauplatz seiner bezaubernden »Mozart-Novelle« – zu Hause war und dass er in Böhmens »Hain und Flur« seine Wahlheimat sah. Der Stadt Prag und der Landschaft, die »das Gesicht der Menschen prägten«, verdankte er seine gültigsten Gedichte, gab ihnen als Resümee seines von tragischen Konflikten und unerfüllbaren Hoffnungen gezeichneten Lebens »als wunderbares Gesetz« von Hingabe und Widerfahrung poetisch Kontur. Sieht man von bestimmten Meinungen und Vorurteilen ab, die damals, als man sich im Besitz allgemeingültiger Wahrheiten glaubte, wie heute im Schwange sind, lässt sich erst im Nachhinein die polyphone Zwiespältigkeit seines Hier- und Daseins wirklich ermessen, die er mit allen Fasern seines Wesens verkörperte.

Fürnberg, von bürgerlicher Herkunft, Deutscher, aber Staatsbürger in der von Selbstbehauptung und Okkupationen heimgesuchten Tschechoslowakei, Schöngeist und Kommunist, Jude, also 1939 beim Einmarsch der Wehrmacht verfolgt, ins Exil getrieben und nach 1945 heimkehrend, wiederum verkannt, in die Maschinerie des Staates gebunden und dennoch zukunftsgläubig, bekannter Autor, der schließlich in Weimar für eine kurz vergönnte Zeit unbedrohte, arbeitsreiche Zuflucht und Wohnstatt findet. Wir erlebten ihn gegen Mitte der 50er Jahre als aufgeschlossenen, freundlichen Menschen, der uns Jüngere ohne Ressentiments – sein Bruder war im KZ Buchenwald über Weimar, die Eltern waren in anderen Lagern ermordet worden – freundschaftlich ermutigend entgegenkam, sich und uns am nächsten, wenn er am Klavier seine Chansons, den »Song von den Träumern«, oder burleske Couplets und Moritaten berühmter Kollegen von Wedekind bis Brecht unnachahmlich zum Besten gab, wenn er Motive von Mozart, Dvořák – »Sonatine op. 100« – oder Gustav Mahler intonierte, die wir bis dahin nicht kannten. Ich höre ihn nicht ohne hintersinniges Lächeln sagen: »Der Mensch ist geheimnisvoll.« Ein Satz von ihm, den Eingeweihte bis heute zitieren.

Das Geheimnis seines Lebens, das wir oft nur in der immanenten untrennbaren Verbindung seines politischen und ästhetischen Engagements sahen, bestand gerade darin, dass wir Diskrepanzen nicht wahrnahmen oder ihnen nicht nachgehen wollten, den Schreiber dieser Zeilen nicht ausgenommen.

So überrascht das Zeugnis eines glaubwürdigen kritischen Zeitgenossen, Fritz Beer*, der ihn Mitte der 30er Jahre in

* Fritz Beer, »Hast du auf Deutsche geschossen, Grandpa?« Fragmente einer Lebensgeschichte, Berlin 1992.

der armseligen Villa des Vaters in Karlsbad besuchte und beschreibt, wie ihm der an Tbc leidende Fürnberg gesteht, dass er »immer Angst vor dem Tode« habe: »Alles, was ich tue, ist eine Flucht vor ihm. Vielleicht auch mein Kommunismus.«

Ist das der Gleiche oder ein anderer, wie ihn unser Zeuge auch erlebt, der vom Klavier aus souverän seine Spieltruppe »Echo von links« dirigiert: »Sie rezitierten und sangen, spielten satirische Szenen [...]. Es gab damals in Fürnbergs Texten kaum eine abgedroschene Phrase [...]. Dann sang er allein Volkslieder und Balladen, dramatisch und zart [...], verzauberte den nüchternen Saal [...] in ein festliches Theater, eine Straßenbarrikade, ein Revolutionstheater, ein Liebesbett.«

Das ist der durchaus nicht todessüchtige Fürnberg mit seiner bis Prag und Moskau berühmten Spieltruppe, mit ihren aggressiven Pamphleten damals und später von uns bewundert und wieder herausgegeben – dem Song »Der Radio-Papst«, der ihm den Namen Nuntius einbrachte, unter dem er auch als Pseudonym veröffentlichte, mitreißende, selbstvertonte Texte und Kantaten: »Ein Mensch ist zu verkaufen«. Man übersieht immer, dass Lieder wie »Du hast ja ein Ziel vor den Augen« oder »Das neue Leben muß anders werden« für die Auftritte dieser Spieltruppen gegen die Armut während der sozialen Krise im Sudetenland geschrieben wurden, 1937 aus antifaschistischem Protest gegen den drohenden Einmarsch der Nazis, Lieder, die sich nach 1945 in der DDR die FDJ an die Fahnen heftete, sie im Marschtritt für ihren Gleichschritt publik machte. Fürnberg wird seitdem gemeinhin nur als Verfasser agitatorischer Lieder und Verse auf und für die Partei beurteilt, um sein gesamtes Wirken und Schaffen in Schatten zu stellen, von der Routine der gegenwärtigen opportunen Medien gar nicht zu reden.

Aber Fürnberg gehört seinem Rang nach in die Gemeinschaft Prager deutscher Dichter der Generation nach Kafka, Werfel, Rilke – »Weltfreunde«*, wie sie 1965 unter diesem Signum eine Tagung der tschechoslowakischen Akademie der Wissenschaften Prag unter Beteiligung namhafter Germanisten aus Ost und West würdigte, wiederum auf Schloss Liblice, in Fortsetzung der berühmten Kafka-Konferenz, die zwei Jahre zuvor den Prager Frühling von 1968 eingeläutet hatte.

Fürnbergs Werke wurden im Kreise dieser »Weltfreunde« aufgerufen und diskutiert, seine Verse »Leben und Sterben F. K.s«, seine schon sprichwörtlichen Gedichte der Liebe zu seiner Heimat.

Wie in Traum und Handlung
wir verströmen:
Schlaf und Wachsein,
jedes Glück heißt Böhmen.

2 Ein kleines Kapitel Rilke

»Ich hör nicht auf, ihn zu bekennen.
Wohin es mich treibt, ich will ihn nennen!«

Als der siebzehnjährige Fürnberg 1926 Rainer Maria Rilke kurz vor dessen Tod im Schlösschen Muzot im Wal-

* Siehe dazu: »Weltfreunde. Konferenz über die Prager deutsche Literatur«, hrsg. von Eduard Goldstücker, Prag 1967.

lis (Schweiz) besucht, den er über alle Maßen verehrt, beginnt für ihn ein lebenslanger Dialog mit Rilkes vorbildlicher Poesie, auch um sich einer eigenen dichterischen Mission zu versichern. »Traumwandler mitten am Tage/Tagwandler mitten im Traum.«

Er hat dieses Ringen in seinem Gedichtbuch »Der Bruder Namenlos«, 1947 zuerst in der Schweiz erschienen, in Erinnerung und Anrufung autobiographischer Stationen von erstaunlicher Intensität durchlebt und durchlitten, die Einblicke in geistig-literarische Strömungen dieser Epoche gewähren, selbst wenn Voraussagen und utopische Ideale nicht eingelöst werden konnten – ein authentisches, lesenswertes »Leben in Versen«. Fürnberg war der vor ihm zu Ende gehenden Ära, dem, was er als ihre wertvolle Tradition erkannte, innig verbunden. Und Rilke war für ihn nicht nur das alte Prag mit seiner deutschen und slawischen Kultur im Herzen Europas.

Ein Buch zum »Bruder Namenlos« aus dem Nachlass, von dem wir Proben geben, belebt nicht ohne ironische Distanz dieses einmalige Literatenmilieu mit verrauchten Cafés und ihrer Bohème, über der, in steter Kampfbereitschaft mit seinem Widersacher Franz Werfel, Karl Kraus thronte: wo Max Brod mit zionistischer Magie die nachgelassenen Werke Franz Kafkas bekannt machte, die von da aus Weltruhm erlangten.

Die Dispute um Traumdeutung und Untergang, in Gestalt des sagenhaften Golem, hatten für Fürnberg – »Lausch nicht den Flöten der Rattenfänger, schmeichelnde Flöten, die verführen [...]« – anziehende und komische Aspekte, denen er als Parole sein »O nicht mehr Flöte! O Fanfare sein!!« entgegenrief.

Rilke hingegen, das war für ihn vollendete, melodische, alle menschlichen Nuancen aufnehmende Sprache. Mit ihren Anfängen noch im Kontakt zum Volksliedhaften, mit dem »Stundenbuch« bis hin zu den tragischen »Sonetten an Orpheus« und den »Duineser Elegien« hat sie in Fürnbergs Lyrik deutlich ihre Spuren hinterlassen, auch wenn er der Ausweglosigkeit und Endkonsequenz Rilkes

[...] Denn das Schöne ist nichts
als des Schrecklichen Anfang [...]

in seiner Elegie »Im Park von Monza« sein

O übermenschlich ist's, ein Mensch zu sein
in dieser Zeit!

entgegenzuhalten sucht:

Nichts ist verloren! Nirgends ist Ergebung!
Auflehnung ist im Saatkorn, das die Hülle
zersprengt und aus der Erde drängt! Im Fluge
des Vogels, der die Schwere überwindet!

Vertrauen in die menschliche Überlebenskraft fand er im Glauben an seine marxistische Weltanschauung. Doch seine an spontanes Erleben der sich überstürzenden Ereignisse des Kriegsverlaufs in der Emigration direkt gebundenen Gedichte erreichen uns, über die unmittelbaren Intentionen hinweg, wenn sie, ideologische Vorgaben übersteigend, das Unfassbare und Nichtauszudeutende unseres Menschseins mit erfassen. Wenn Fürnberg sich ganz der Natur auch in ihren phantastischen Erscheinungsformen überlässt, dem Oberirdischen Raum gibt.

Eh man die Ähren nicht liebt und die Beeren,
den Teich in Sternen, die Wiese im Licht,
liebt man auch die Menschen nicht,
ihr Sonnesuchen und Aufbegehren.

Diese Dimensionen kennen viele seiner Gedichte und lassen sie über die Zeit ihrer Entstehung hinaus dauern. Ein Gelingen, wie er es, Rilke anrufend, selbstbewusst erstrebte.

Nur wer so wie wir ihn durchgejubelt und durchgelitten,
weiß, was das heißt: aus seinem Hause gehn …

3 Lebenslied

»Und wär dies mein Schicksal auch
bis ans ruhmlose Ende, – ach, ich bin nicht müde,
den Sirenen zu lauschen und den
einäugigen Zyklopen Rede zu stehn.«

»Der neue Odysseus«

Man sollte allen Geständnissen seiner Verse folgen, um das Leben Fürnbergs – »die Qual seiner Lust, seiner Launen« – vor Augen und Sinnen zu haben, den geheimnisvollen Sirenen zu lauschen, die Zyklopen zu kennen.

»Mein früher Tod geht neben mir/mein brüderlicher Schatten« – Fürnberg konnte sich von diesem Schatten erst

1937, nach einer Kur in der Schweiz von der Tuberkulose geheilt, trennen. Er hat die Befreiung, »Das Fest des Lebens«, in einer Traumbuchprosa nahezu neuromantischen Stils emphatisch gefeiert. Da wird Flöte gespielt, nicht Fanfare geblasen.

Er hat das Buch »meiner Frau und Kameradin« Lotte Fürnberg gewidmet, und sie war es auch, die ihn, mit dem Geld des jüdischen Großvaters einen Gestapo-Offizier bestechend, aus der Gefängnishaft befreien konnte;* man hatte ihm zuvor »auf dem Lastauto,/als sie mich mit/Bücherkolossen bewarfen«, nahezu das Gehör zertrümmert. Es war, notiert er, »Dein Name!«, der ihn Einzelzelle und Erschießungsdrohung überstehen ließ. Er schrieb Lotte Fürnberg seine schönsten Liebesgedichte.

Uns hat ein Traum aneinandergebunden
und das Erwachen war schöner als er.

Fürnbergs Stationen des Exils – »Wir werden durch die Welt gehetzt/noch niemals war die Zeit wie jetzt« – über Italien, Serbien nach Palästina – ich kann nur Stichworte geben – wurden getreulich Ort für Ort, Tag für Tag, Zeile für Zeile fixiert. Verse, nicht »sanften Melancholien zu dienen«, zu denen er neigt und die er zugleich dem Bewusstsein verbietet, um ihnen sein Credo »Ihr meine Verse seid meine Waffen« entgegenzustellen, streitbar bis zur Ungerechtigkeit gegen alle »Versverliebten«, denen er sich aus Überlebensstrategie versagt. Zu seinem Gedichtband »Hölle, Haß und

* Lotte Fürnberg in: Ulrike Edschmid, »Verletzte Grenzen. Zwei Frauen, zwei Lebensgeschichten«, Hamburg, Zürich 1992.

Liebe«, 1943 in London erschienen, schrieb ihm der weltbekannte Erzähler Arnold Zweig, Asylant in Haifa wie Fürnberg im nahen Jerusalem, im Vorwort: »Die Verschränkung von Scharfblick und Zartsinn [...], der ungestüme Glaube, der Sie erfüllt und der einer erkannten, bestätigten, guten und erprobten Sache gilt, der Erweiterung der Menschenrechte auf all unsere Kameraden und Schicksalsgenossen schwingt in Ihren Versen.«

Mit Arnold Zweig verbindet ihn bis später in der DDR herzliche Freundschaft;* sie beginnt mit Fürnbergs Beiträgen für die von Zweig in Haifa herausgegebene links orientierte Zeitschrift »Orient«, deren Druckerei von Anhängern der militanten Hagana in die Luft gesprengt wurde. Dass Fürnberg kein Freund der auf einen zionistischen Staat hin orientierten Politik war, braucht nicht betont zu werden; er versuchte schon damals zwischen Juden und Arabern zu vermitteln.

Dass ihm sein Judentum erst in diesen Hemisphären auf den Leib rückt – »Ahasvers Enkel« –, der sein Verfolgtsein bisher nur seiner kommunistischen Parteinahme zugeschrieben hatte, dafür findet er erst jetzt Worte, die um Fassung ringen, »als die Nachricht von der Ermordung der Nächsten nach Jerusalem zu uns kam«.

»Trag nur wer kann sein Herz auf die Straße!« ... Ein »Stilleben mit Blut und Tränen«. Sein »Judenlied«.

Nichts hält ihn nach Kriegsende in der »Steinwüste der Seelen« Palästinas. »Für uns existiert nur die Heimat«, heißt es 1945 in einem Brief: »Prag hat sich beispiellos heroisch er-

* Vgl. »Der Briefwechsel zwischen Louis Fürnberg und Arnold Zweig. Dokumente einer Freundschaft«, Berlin und Weimar 1978.

hoben. Es ist Frieden, Stalin glaubt an den Frieden, und mit ihm jeder ehrliche Mensch.«*

Fürnberg betreibt die Repatriierung in die durch den Sieg der Sowjettruppen befreite ČSR, die ihn auch im Exil unterstützt hatte. Er sieht sich endlich in einer »Heimat, die ich immer meinte«.

Es ist von heute aus leicht und schwierig zugleich, in wenigen überzeugenden Sätzen zu schildern, was Fürnberg in dem neuen doch vom Stalinismus gezeichneten Staatswesen widerfährt: Anerkennung und Verdächtigung, Anschuldigung bei gleichzeitiger Selbstermutigung, für eine gerechtere Gesellschaft zu arbeiten, der man Geburtsschwierigkeiten nachsehen möchte, in der aber Funktionäre – viele hatten mit ihm gegen den Faschismus gekämpft – diktatorisch schalten und walten, ihre Opfer auch aus den eigenen Reihen rekrutieren.

Bleibt dem Gedicht nur die gleichnishafte Umschreibung:

[…] ich nahm vom Leben, ich zahle mit Leben […]

Der Wunsch:

Alt möcht ich werden wie ein alter Baum […].
Aus sagenhaften Zeiten möcht ich ragen,
durch die der Schmerz hinging, ein böser Traum […]

* Louis Fürnberg, »Briefe 1932–1957«, hrsg. von Lotte Fürnberg und Rosemarie Poschmann, Berlin und Weimar 1986.

Folgen wir dem Ablauf verbürgter Tatsachen:

Freudig bewegt kann Fürnberg – inzwischen weithin anerkannter Autor der 1947 in Wien erschienenen »Mozart-Novelle«, des Poems »Spanische Hochzeit« (1948), von Gedichten, die 1951 im Band »Wanderer in den Morgen« herauskommen, von Nachdichtungen tschechischer Lyrik »Aus Böhmens Hain und Flur« – 1948 in Prag eine Delegation deutscher Schriftsteller begrüßen: Stephan Hermlin, Hans Marchwitza, Kuba, Ludwig Renn, Bodo Uhse aus westlicher, Friedrich Wolf aus Moskauer Emigration in die DDR gekommen, erste Begegnung einer Versöhnung nach den Schrecken der Okkupation und den Vertreibungen danach. Fürnberg wird Botschaftsrat der ČSR in Ostberlin, in Person ein Vermittler zwischen den Kulturen beider Länder.

Da findet 1952 in Prag der berüchtigte Slánský-Prozess statt. Mit dem Generalsekretär Slánský wird, auf Betreiben Moskaus, nahezu die gesamte Parteielite der KPČ unter der Anklage verräterischer, zionistischer Verschwörung zu Todes- oder langjährigen Haftstrafen verurteilt. Fürnbergs Vorgesetzter, Botschafter Otto Fischl, wird hingerichtet. Viele Bekannte Fürnbergs, wie Eduard Goldstücker* Juden, kommen ins Zuchthaus. Lotte Fürnberg erzählt, wie sie

* Eduard Goldstücker (1913–2000), geboren in der Slowakei, Germanist, emigrierte 1939 nach Großbritannien. 1952 bei den Slánský-Prozessen zu lebenslanger Haft verurteilt, 1955 wieder freigelassen und rehabilitiert. Initiator der Kafka-Konferenz von 1963. Ab 1964 Universitätsprofessor, 1968 zum Vorsitzenden des Schriftstellerverbandes gewählt. Nach dem Einmarsch der Warschauer-Pakt-Truppen zweite Emigration nach England. Nach 1990 wieder in Prag. Mit Christa und Gerhard Wolf befreundet. Seine Autobiographie »Prozesse – Erfahrungen eines Mitteleuropäers«, München und Hamburg 1989.

alle Schriftstücke, Briefe, Tagebücher, die belastende Namen enthalten konnten, vernichteten.

Fürnberg wird 1952 aus seinem Amt in Berlin abberufen, er sah die »Tragik meines Lebens« darin, »daß ich ein deutscher Dichter und ein tschechoslowakischer Diplomat bin, ein nie zu lösender Zwiespalt [...]. Unbedingt im Innersten in Böhmen daheim« (Tagebuch 1952).

Die deutschen Prager Schriftsteller F.C. Weiskopf und Louis Fürnberg, von der Justizwillkür verschont, können mit Zustimmung des Parteiapparats 1953/54 in die DDR übersiedeln. Fürnberg wird Stellvertretender Direktor der Nationalen Forschungs- und Gedenkstätten der klassischen deutschen Literatur in Weimar, mit ständiger Büroarbeit und vielen dichterischen Plänen.

1956 begrüßt er erleichtert die Enthüllungen des XX. Parteitags der KPdSU über die Verbrechen Stalins und schreibt uns: »Tauwetter – Tauwetter ... Ich dichte wieder! Seit Jahren nach diesem endlosen Amtieren und aus Ekel, stumm sein zu müssen: wieder im ›eigenen heimlichen Reich‹!«

Fürnberg stirbt, 48 Jahre alt, an Herzinfarkt, er sagte: »Die Prozesse ...« In seinem Gedichtband »Das wunderbare Gesetz« von 1956 findet sich sein schon 1950 verfasster »Epilog«:

Ich werde keine Ruhe finden
und mit dem Staub kämpfen,
der tun wird, als wäre er meinesgleichen.

Sein »Lebenslied«, in archetypischen Metaphern im Jahr seines Todes 1957 geschrieben, endet mit dem gewünschten Vermächtnis:

Daß erst die Dunkelheit
von dieser Erde weiche,
sind wir zu reiner Tat
im Leben hier bestellt.
Wir sagen Ewigkeit
und meinen nur das Gleiche,
das immer siegend steigt,
obgleich's der Schnitter fällt.

2009

Nuria Quevedo (geb. 1938), Malerin und Grafikerin, konnte mit ihren Eltern aus Franco-Spanien in die DDR nach Berlin emigrieren und studierte hier an der Ostberliner Akademie der Künste.
Mit ihr verbindet uns eine enge Freundschaft. Sie schuf zu Christa Wolfs »Kassandra« einen Zyklus eindrucksvoller, archetypischer Radierungen.
Zur Eröffnung ihrer Ausstellung »Leinwand und Papier«, 2011 in der Galerie Forum Amalienpark, schrieb ich diese Rede.

Nuria Quevedo
Berlinerin aus Barcelona – Katalanin in Berlin

»Wer den Dichter will verstehen, muß in Dichters Lande gehen«, heißt es bei Goethe.

Ich will die Sentenz für die Kunst schlechthin in Anspruch nehmen, wenn ich über die Grafikerin und Malerin Nuria Quevedo spreche, deren Aquarelle und Leinwände uns heute mit diesem leuchtenden Rot und, wie im Kontrast dazu, mit diesem mächtigen Grau in allen Schattierungen empfangen und in Bann schlagen.

Ich will, wie als Hintergrund dazu, von einer Künstlerin sprechen, die zu Recht von sich sagen kann, »daß jeder Künstler eigentlich einen eigenen Lebenslauf schreibt mit seinem Werk«.

Sie sagt, von ihrem Atelier aus: »Ich denke wohl in Bildern, weniger verbal.

Vielleicht denke ich nicht einmal in Bildern, sondern abstrakt. Manchmal rede ich laut, und es ist auf Spanisch. Zum Beispiel, wenn ich mich freue, weil es gelungen ist, oder wenn ich mich ärgere, weil es nicht gelingen will …

Malen ist meine Art zu denken …

Schreibend ist mein Wortschatz größer als sprechend. Auch zeichnend weiß die Hand mehr als der Kopf …

Die Sprache bewohnen, habe ich irgendwo gelesen, und die Zeit bewohnen …«

Und, will ich hinzusetzen, Sprache und Lebenszeit durch Bilder bewohnen.

Lassen Sie mich, um etwas über die Hintergründe dieser Bilder zu sagen, auf drei Sinn- und Leitsprüche eingehen, die auch über ihren zeitumspannenden grafischen Zyklen stehen, signifikante große Motive:

»Mit leichtem Gepäck«

»Bleikugeln in der Hand«

»Das Leben ist Traum«

1

»Mit leichtem Gepäck«,

ihrem vielschichtigen Grafik-Buch der eigenen Edition Teixidor von 2008, bringt Nuria Quevedo, auf den Spuren des Dichters Antonio Machado, Philosophie und Literatur zu Stationen ihres Lebens in Schrift und Bild. Motive wie Beweggründe, damals vorgezeichnet, heute auf der Leinwand gewaltig in Szene gesetzt: die männliche Gestalt in der von Feldern gesäumten Bucht des Meeres, damals Stürzende, Sichwehrende vor den Pyrenäen, der Grenze nach Frankreich.

»In meinem ersten Lebensjahr im Menschenstrom der Flüchtlinge des Spanischen Bürgerkrieges, in den Armen meiner Mutter«, die »klagende Frau unter dieser Sonne«, »Der romanische Engel«, steht es geschrieben, wie traumatisches Insbildsetzen mit Versen Machados:

Ich werde dir mein Lied geben,
man besingt, was man verliert,

mit einem grünen Papagei,
der es in einem Balkon aufsagt.

Quevedo zitiert Texte von Brecht, Zeilen von Volker Braun zu Walter Benjamin, der sich an dieser Grenze verzweifelt den Tod gab. Sie schreibt: »Das Denkmal am Friedhof des katalanischen Grenzorts Port Bou … Es gibt von dort aus Wege weithin bis Barcelona, der Stadt, in der ich 1938 geboren bin …«

Man kann sich mit diesem Grafik-Buch »Mit leichtem Gepäck« in die Geschichte des ausgehenden 20. Jahrhunderts stürzen lassen, aus dem sie mit neuen gemalten Bildern herkommt.

Nuria Quevedo lebt seit 1952 mit ihrer emigrierten spanischen Familie im Berlin der DDR. Gelernt hat sie als Meisterschülerin von Werner Klemke, Bücher zu illustrieren; und sie hat, von frühen Skizzen abgesehen, von Beginn an ihren eigenen Stil, etwa mit dem Buch: »Celestina – Komödie und Tragikomödie – Allerliebster Verrat! Süßes Erschrecken« – Tragisches in der Lust: Ein Blatt von damals zeigt einen Kopf, der unter einem Deckel hervor aus einem Gefäß ragt. Die Radierung hat den Titel »Kochtopf«. Ihr bizarrer quevedischer Humor, mir kommt er nicht deutsch, sondern – wie sagt man – spanisch vor.

Nuria Quevedo ist seit 1967 auch als Malerin – Kritiker, die sie als Illustratorin hoch schätzen, haben sie gewarnt – souverän da. Ihr großes Tableau »30 Jahre im Exil« erregte sofort Achtung, Empörung und Widerspruch.

Wir haben uns damals noch nicht persönlich gekannt, und ich sehe sie, auf einem Foto, als junge Frau – sagt man bildschön? – vor dem Tableau der in starrem Verletztsein beharrenden Gesichter dieser spanischen, hier fremden Emigranten, unter denen sie aufgewachsen ist.

Nuria hat für dieses von Zwiespälten geprägte Geschick – Berlinerin aus Barcelona, Katalanin aus Berlin –, für dieses Hier- wie Dortsein in unserer Sprache den betroffen-treffenden Begriff gefunden. Sie übersetzt das spanische ILEJANIA mit dem im Duden nicht vorkommenden Substantiv UNFERNE – Ferne in der Nähe. Nähe im Fernsein.

Erkennt man es heute aus ihren Bildern?

In Berlin publizierend und seit den 70er Jahren überall in der DDR mit Ausstellungen bekannt, hat sie sich einen Namen gemacht. »Wichtiger aber ist«, schreibt Diether Schmidt, »ihre Wirkung: ein Stück europäischer Geist und katalanische Sinnlichkeit ins Berliner Ambiente gebracht.«

Nun kehrt sie alljährlich für Monate nach Katalonien zurück, hat dort am Strand, nördlich von Barcelona, in dem Ort Sant Feliu de Guíxols Wohnung gefunden. Reale und surreale Figurationen vor und in dieser Landschaft, die wir in der Ausstellung sehen, haben dort ihre Wurzeln. Ihre Farben haben an Leuchtkraft gewonnen.

Ihre Imaginationen mit Gestalten vor Meer und Küste mit Vulkangestein will ich, weil ich Bildbeschreibungen mit Interpretationen eigentlich nicht mag, mit Versen von Erich Arendt aufklingen lassen, die er schrieb, als er die Atmosphäre dieser Mittelmeerbuchten erlebte:

[…] du
aus der Spiegelschrift
meerischen Himmels
gestrichen, bist
im Felsgeborenen ganz,

vor dir
die dunkelhäutige Antwort
des Steins.

»Die Bucht«

Ich sehe hier aufgerufen – von den Farben habe ich gesprochen –, wie diese Bilder Vergessenes geheimnisvoll ins Gegenwärtige transponieren:

Jetzt
im Zergehen lauschen
der erstlichen Welle, du
zählst, faßbar, stumm
das Vergangne herbei,
Schatten-entleibt
ein Wehn,
wie von Flügeln [...]

»Ums Schleppnetz ...«

Erich Arendt gab seinen Gedichten das Signum »Memento und Bild«, das ich für Nuria Quevedos Kunst beanspruche.

2

»Bleikugeln in der Hand«

Nuria Quevedo schreibt:

»Auf einem Regal im Atelier habe ich ... die Hand mit der Kugel auf der Handfläche. Eigentlich liegt die Kugel unter der Handfläche, die sie sanft umschließt. Es ist eine Frauenhand mit einem Ring ... In düsteren Augenblicken suggeriert sie mir das Alptraum-Gefühl einer eisernen Handprothese ... Die Hand ist ein Türklopfer. An manchen Häusern der Alt-

Nuria Quevedo, »Mensch Sonne Vogel«, 1998,
übermalte Radierung mit Widmung.

stadt (Sant Feliu) sieht man noch diese Hände ... Manchmal lege ich die eiserne Hand mit dem kleinen Ring so auf dem Brett hin, daß sie auf der Kugel ruht. Dann sieht sie leicht und fein aus. Sie erinnert mich an jene romantische Geschichte des Räuberhauptmanns, der, stolz und sehr verwegen auf seinem arabischen Hengst reitend, eine wunderschöne, beringte Frauenhand zwischen den Blumen eines Fenstergitters sah und sie im Vorbeireiten mit dem Säbel abtrennte, des kostbaren Ringes wegen ... Lege ich die Hand auf den Handrücken, wird sie wieder eisern und schwer, die Kugel lastet auf der Handfläche. Der leere Raum darüber wird bleiern. So habe ich sie nicht gemalt ..., sondern seitlich liegend. Die Finger halten ohne Anstrengung die Kugel, mit der an die Tür geklopft wurde. Aber das Licht der mittäglichen Geisterstunde habe ich nicht gewollt, sondern die Dunkelheit ...«

Dunkel und Helligkeit, wie das Licht in die bleigrauen Töne kommt. Faktische Wirklichkeit und phantastische Gestalt in einem Entwurf, man könnte es für ihre Malerei nicht authentischer ausdrücken. Nuria Quevedo formuliert in makelloser Prosa auch Grundzüge ihrer eigenen Ästhetik. Findet, auf der Suche nach der ins Auge springenden großen, umfassenden Metapher, ihre originären bildbeherrschenden Köpfe, Hände und Gestalten von drastischer Anschaulichkeit bei immanenter Symbolik, ihre »Kopf- und Hand-Bilder, Gleichnis und Groteske«, wie es Friedrich Dieckmann schon 1992 in seiner Studie »Das einsame Spiel« maßgebend kennzeichnet.

3

»Das Leben ist Traum«

»Richtet sich unser Blick nach außen, bestrebt, in die Dinge zu dringen, verliert unsere Welt an Solidität und verflüchtigt sich am Ende, denn wir könnten glauben, sie existiert nicht an sich, sondern durch uns. Doch wenn wir überzeugt von der intimen Wirklichkeit von innen blicken, da scheint uns alles von außen zu kommen und unsere innere Welt, wir selber verschwinden.

Was tun, also. Den Faden weben, der uns gegeben ist, unseren Traum träumen, leben; nur so werden wir das Wunder der Schöpfung vollbringen.«

Antonio Machado (übertragen von Nuria Quevedo)

Ausgeprägt begegnen uns zuerst Nuria Quevedos Kopf-Hände in den Aquatinta-Radierungen zu Volker Brauns Text »Der Eisenwagen« von 1988. Sie gehören seitdem zum signifikant-variantenreichen Repertoire ihrer Kunst, beherrschen als exzentrische, marionettenhaft sich bewegende voluminöse Wesen, männlichen wie weiblichen Ursprungs, ihre großen Künstlerbücher: »Kants Affe, ein Todtengespräch« zum Text von Karl Mickel von 1993; triumphieren 2004 mit den 9 Radierungen zu Calderons »Das Leben ist Traum« – ein weiblicher Kopf hält im Spiel kleine Männer auf der Hand, ein männlicher Kopf spielt mit einer Kugel oder anderen Köpfen zu Calderons Versen:

Was ist Leben? Rasendes Beginnen.
Was ist Leben? Eine Illusion …
Denn das ganze Leben ist Traum
Und die Träume selbst sind Traum …

(übertragen von Fritz Rudolf Fries)

Es ist der unsterbliche »Ritter von der traurigen Gestalt«, Don Quichotte, dessen Abenteuer mit Dulcinea Nuria Quevedos Schaffen immer begleiten und herausfordern: »War ich im Wahn, nun bin ich bei Verstande« (9 Radierungen von 2004), Resümee auch in Kontrast zu ihrer Lebensmaxime, die sie mit den Sätzen von Christa Wolf:

Mit meiner Stimme sprechen:
Das Äußerste. Mehr, Anderes
Habe ich nicht gewollt

ihren Grafiken zu »Kassandra« 1985 voranstellt.

Seitdem, so kann ich es von uns sagen, begleiten uns ihre allegorischen Leute durchs Leben.

»Hombre/Sol/Pajaro«: Mann mit dem Vogel unter der Sonne. Für G. W. (1988).

Als Frau mit dem Stern in der Hand: »Estrellita de Mar para Christa« – wir sehen sie (1994) verwandelt hier auf großer Leinwand wieder.

In Nurias Atelier sah ich eben die schöne, fein gegliederte hölzerne Puppe, sie diene Künstlern als Modell, sagt Nuria, und ich wusste sofort, als ich ihre Geschichte von der Hand mit der Bleikugel las, zu welchen Ausflügen nach Süden und wieder zurück nach Norden ihre Phantasie fähig ist.

Sie zitiert dazu die Verse von Karl Mickel:

Ist es woanders
Anders?
Ist es hier denn
Anders als anderswo?

2011

Maria Sommer und Gerhard Wolf nach der Verleihung der Rahel-Varnhagen-von-Ense-Medaille, September 2012.

Dr. Maria Sommer (geb. 1922), seit 1949 Leiterin der Kiepenheuer Bühnenvertrieb GmbH, vertritt sie seit siebzig Jahren Medienrechte – auch unserer Texte – für Bühne, Funk, Fernsehen und Film in der Bundesrepublik und dem gesamten Ausland. Mit ihr verbindet uns seit Anbeginn eine enge, herzliche Freundschaft.
Zur Verleihung der Rahel-Varnhagen-von-Ense-Medaille im September 2012 hielt ich für sie die Laudatio. Mein Text »Herzenssache« steht hier für das gesamte Buch als Motto.

Maria Sommer
Theater als Herzenssache – Herzenssache als Beruf

»An der Grenze zwischen Wirklichem und Metaphysischem liegt die Heimat jeder großen Kunst. Dort entfaltet sich die Illusion, die vielleicht die einzige Realität ist, mit der wir rechnen können. Die echte Illusion ist groß, sie verwandelt die Welt, sofern sie aus einem Glauben, einer Liebe, einer Religion, einer Kunst geboren ist. Nicht die wohlfeile Illusion der Unerfahrenen, sondern die kostbare der schon Enttäuschten, der Skeptiker, die sie ›dennoch‹ bewahren. Nicht Lebenslüge also, sondern Verzauberung und Sternenflug.«

Maria Sommer, 1949

Große Worte, noch bevor sie eine große Arbeit begonnen hatte, von der man heute sagen kann:

Wer zählt die Stücke, nennt die Namen,
die hier, seit nunmehr über 60 Jahren,
in ihrem Haus bei ihr zusammenkamen,
im Haus Schweinfurthstraße 60 in Berlin-Dahlem, des Gustav Kiepenheuer Bühnenvertriebs GmbH bei Dr. Maria Müller-Sommer.

Sie, die schon von Beginn an kühn als Credo verkündete, dass das Theater, wie sie es sieht, »eine gesteigerte Wirklichkeit auf die Bühnen zu bringen habe, wie schon seit zweieinhalbtausend Jahren die Dichter die Brücke vom Diesseits zum Jenseits zu schlagen suchen. Sophokles und Shakespeare, Kleist und Hauptmann haben Reales und Irreales verbunden und damit erst den ganzen Komplex des menschlichen Lebens umschrieben.« (Maria Sommer, 1949)

Für sie ist Theater eine Herzenssache.

Ich nenne nun doch ein paar große internationale Namen aus der Vielzahl der Stücke, die sie in deutschen Fassungen auf die Bühne brachte:

Jean Anouilh – das Gesamtwerk,

Antonin Artaud,

Jean Cocteau,

Eduardo De Filippo,

Lars Gustafsson,

Frederico García Lorca,

Luigi Pirandello – hier gab sie seine Werke in Druck,

Tadeusz Różewicz,

Shakespeare, Molière, Goldoni und Strindberg – in zahlreichen Neuübersetzungen,

die ersten Stücke von Arthur Miller,

schließlich die Gesamtwerke deutschsprachiger Klassiker:

Ferdinand Bruckner,

Yvan Goll,

Karl Kraus,

Kurt Schwitters,

Carl Sternheim usw. usw.

Alle diese Stücke hat sie in der Hand und über sie die Hand gehalten, sie, inzwischen längst, Peter von Becker hat es gesagt, »die geheime Königin des Berliner Theaters«.

Ich habe mir lange überlegt und bin, so wie Sie mich

sehen, immer noch dabei, den treffenden Ton zu finden für eine Laudatio – also Lobrede – für Maria Sommer, die ja nichts weniger als ihr Lebenswerk erfassen will, Festrede, nicht nur an ein erwartungs- und anspruchsvolles Publikum gerichtet, sondern An-Sprache, an sie, die von sich keine großen Worte macht, sondern ganz Person und direkt dafür Sorge trägt, Schriftsteller mit ihren Stücken oder Texten auf die Bretter und in die Medien zu bringen, die, wie es so schön heißt, für sie und uns die Welt bedeuten.

Interview mit Maria Sommer 1998: »Für mich ist der Kontakt mit dem Autor das Allerwichtigste. Bühnenverlag ist eine Mischung aus Verlag und Kindergarten und Reisebüro und Krankenkasse und Bank und Eheberatung und psychiatrische Klinik und noch viel mehr.«

Da wollte ich, und ich hoffe Sie wollen es mit mir, doch nun genauer wissen, wie diese Dr. Maria Müller-Sommer, eben 90 Jahre jung und über ein halbes Jahrhundert in dieser aufreibenden Tätigkeit, zu der geworden ist, wie sie heute vor uns steht und, mehr als verdient, sage ich, diese gewichtige Auszeichnung erhält, die den Namen der Rahel Varnhagen von Ense trägt. Maria Sommer hat, wie diese zwei Jahrhunderte zuvor, ein Stück Berliner Kulturgeschichte mitgestaltet.

Ich kann mich bei meinem notwendig bemessenen Exkurs dazu getrost auf authentische Zeitzeugen verlassen, wenn ich zu umreißen versuche, wie die Lebensarbeit für das Theater am Ende des Zweiten Weltkrieges in dieser zerstörten Stadt Berlin 1945 begonnen hat, als sie ihren Doktor machte. Sie berichtet: »Um meine Urkunde zu kriegen, bin ich von Schöneberg durch die zerbombte Innenstadt zur Uni Unter den Linden gerobbt, am 20. April 1945, Hitlers letztem

Geburtstag, kaum einen Kilometer von seinem Führerbunker entfernt.« Ihre Doktorarbeit »Zur Geschichte der Berliner Theaterzensur im 19. Jahrhundert«, »das war einigermaßen unverfänglich«. Aber der Doktortitel, damals bei einer jungen Frau selten, hat ihr in dieser dominierenden Männerwelt später vor allem Respekt verschafft.

Sie fand die erwünschte Arbeit im Bühnenvertriebsverlag Kiepenheuer. »Das hieß Lektorat, Herstellung samt Papierbeschaffung und Drucken, Werbung, Auslieferung.« Der Besitzer, Herr Witsch, erzählt sie, »brauchte immer Geld [...] und war ganz froh, den unrentablen Betrieb an mich loszuwerden [...]. Da habe ich die goldene Uhr meines Vaters verkauft, das Übrige geliehen und ihm für damals ungeheure 20 000 Mark die GmbH abgekauft [...]. Als wir vom Notar runterkamen, blieb Herr Witsch auf der Treppe stehen und sagte: ›Um Gottes willen, ich habe eben die größte Dummheit meines Lebens gemacht. Ich muss das wieder rückgängig machen.‹ Und ich antwortete: ›Nun nicht mehr.‹ Das war 1950. Und da war ich meine eigene Herrin.«

Sie macht ihre Herzenssache zum Beruf.

Sie, eine sehr attraktive junge Frau, hat Glück. »Ich bekam Jean Giraudoux ›Der Trojanische Krieg findet nicht statt‹, damals mein Lieblingsstück [...], und auch ›Charleys Tante‹ von Brandon Thomas [...]. Das wollte ich gar nicht, doch es wurde ein Dauerbrenner [...]. Und die Verfilmung mit Heinz Rühmann 1955/56 war mein erster großer Filmvertrag.«

Es war zugleich von Beginn an wichtig, die von ihr betreuten Autoren auch im gesamten Medienbereich für Funk, Film und Fernsehen zu vertreten. Und sie schuf mit sicherem Blick mit Generationen von Bühnenautoren ein Repertoire. Ich greife aus der Vielzahl von Namen hier nur die gegenwärtigen heraus: Oliver Bukowski und Kai Hensel und Judith Herzberg aus Amsterdam und Rebekka Kricheldorf und Dirk Laucke und Jan Neumann und Anne Rabe und Kristo Šagor und Tina Rahel Völcker und Matthias Zschokke, sie macht sie bekannt, und vertritt sie mit Erfolg. Ihr wird nachgerühmt, »dass es auch bei Kiepenheuer Stücke gibt, die einen Schock auslösen wollen, aber er soll eine dienende Funktion haben. Das ›épater le bourgeois‹ um jeden Preis hingegen hält man für infantile Selbstbefriedigung. Besonders beim Einreißen sogenannter sexueller Tabus. Niemand leugnet, dass Spermatozoen und Fäkalien zur Welt gehören, aber Stücke, in denen so getan wird, als bestünde die Welt allein aus ihnen, wird man in diesem Hause nicht finden.« (»Theater heute«, Juni 1969)

Sie engagiert sich weit über den Radius ihres Berliner Verlages hinaus mit den Dramaturgen der deutschsprachigen Theater, Rundfunksender und Filmgesellschaften. »Eine Arbeit«, formuliert sie, »dem Dichter und dem Mimen, dem Theater und allen neuen Formen darstellender Kunst zu dienen, die ihr schönstes Ziel in der Verzauberung, der Erschütterung und Beglückung des Menschen sieht.«

Vermutlich muss man bei Maria Sommer von einem untrügbaren Gespür für genuine Begabungen sprechen, selbst wenn diese sich für andere nicht auf den ersten Blick offenbaren.

Sie lernt Günter Grass 1956 auf einer Tagung der Gruppe 47 kennen, »ein schnauzbärtiger, schwarzhaariger junger Mann, der originelle Dinge sagte und aus einem Stück ›Onkel, Onkel‹ las, das ich zunächst nicht sonderlich mochte. Aber ich sagte mir, das Pferd gefällt mir, das gönne ich keinem anderen Zirkus.« Als er dann auf seine besonders schwungvolle Art mit ihr tanzt und sie ermahnt: »Liebe Maria Sommer, Ihren Verlag mögen Sie führen, diesen Tanz führe ich. Da war ich ihm restlos verfallen.« Beginn einer lebenslangen, weit über alles Verlegerische hinausgehenden Freundschaft. Wohl eroberten Grass' frühe Stücke kaum große Bühnen. Sein Deutsches Trauerspiel »Die Plebejer proben den Aufstand« von 1966, in dem manche nur den Angriff auf den verehrten Meister Bertolt Brecht sahen, hat sie vehement und klug auch gegenüber falschen Vereinnahmungen verteidigt. Sie resümiert lapidar: »1957 fuhr ich nach Paris, wo er an der ›Blechtrommel‹ schrieb, dort haben wir unseren Vertrag gemacht [...]. Ich war mit der Seitzfilm im Gespräch, diese schlug Schlöndorff als Regisseur vor, ich fuhr mit ihm und Seitz zu Grass [...].« Kommentar: so kam es zur Verleihung eines Oscars für einen deutschen Film.

Grass lud Maria Sommer zur Verleihung des Nobelpreises nach Stockholm ein. Er widmete ihr natürlich sein mit ausschweifend-lasziven Versen und Grafiken brillierendes Buch »Letzte Tänze« von 2003. Er schickt ihr, sagt sie, seine neuen Manuskripte, die zum Steidl Verlag gehen, und ruft am nächsten Tag an: »Wie weit biste denn?«

Am Abend von Maria Sommers 90. Geburtstag im Mai diesen Jahres las er aus dem demnächst erscheinenden Gedichtband »Eintagsfliegen« die ersten Fassungen. Ich kann Ihnen heute aus den Druckfahnen daraus vorlesen, lasse die bekannten Pamphlete aus, widme mich mehr den Reflexionen, die der Autor zu ihnen macht. Sie erleben eine Premiere.

Ich kann bei meinem Report über das Lebenswerk der Maria Sommer auf die zum Momentum geronnenen Begebenheiten hinweisen, weil sie wesentliche Stationen einer literarischen Epoche im Deutschland des 20. Jahrhunderts markieren, die auch von diesem Verlag ausgingen.

George Tabori rekapituliert: »Die New Yorker Presse war über mein Stück ›Die Kannibalen‹ entsetzt, außer einem kleinen deutschsprachigen Blatt, dessen Bericht Maria Sommer von Kiepenheuer las – wieder eine gute Deutsche.«

Als auf ihre Initiative hin 1969 »Die Kannibalen« in der Schiller-Theater-Werkstatt in Berlin in Deutsch erstaufgeführt wurden, »balancierte«, schreibt Tabori, »die Premiere überm Abgrund des Skandals [...], ein New Yorker Freund hatte ein Fluchtauto organisiert, das uns nach Schluss der Premiere nach Tempelhof fahren sollte«. Dazu kam es nicht. Maria Sommer gesteht, als sie »Die Kannibalen« las – das erste Mal Auschwitz als Handlungsort auf der Bühne –, sei sie »tagelang um mich selbst herumgelaufen, und hatte mich gefragt: Kann man das machen, darf man das machen? [...] Die Juden als Opfer und Täter aus Not [...], und wie gehen die Überlebenden damit um.«

Sie entschloss sich und wusste: »Das war eine Weltentdeckung, da hat wirklich eine neue Form von Theater für mich begonnen [...]. Tragödie und Komödie waren ihm immer eins.« Sie hat seitdem Tabori in ihr Herz geschlossen und betreut jetzt die Ausgabe seiner Werke. Auf die übliche Reporterfrage, was für sie das Besondere am Künstler Tabori sei, antwortet sie: »Dass er ein Mensch war.«

Über Günter Grass und den Kenner des polnischen Theaters Andrzej Wirth stieß Maria Sommer auf die Stücke der polnischen Dramatiker Sławomir Mrożek und Tadeusz Różewicz, die mit ihren surreal-gesellschaftskritischen Satiren besonders in den 60er Jahren in beiden Teilen Deutschlands Furore machten, selbstverständlich vermittelt durch sie. Und ich kam erst jetzt bei meinen Recherchen auf die Geschichte ihrer Herkunft, die sie einer polnischen Journalistin offenbart: Sie heißt mit Geburtsnamen Maria Janicki, weil ihre Großeltern mütter- wie väterlicherseits von Polen nach Berlin eingewandert sind, sie sagt, das mag bei solchen Entscheidungen mitspielen. Über ihr – nennen wir es einmal so – Privatleben hat sie, wie ich glaube, höchstens zu Vertrauten, nur scheu gesprochen. Über die Liebe ihres Lebens, den Mann, der Arzt war, sie haben 1964 geheiratet – »nach 16 ½ Jahren wilder Ehe«, wie das damals genannt wurde; er ist 1970 nach schwerer Krankheit gestorben. »Ich habe ihn hier 20 Monate gepflegt. Das war ein großes Glück, dass Wohnung und Verlag zusammenlagen [...].« Ich will dazu nur mit einem Satz von Rahel Varnhagen reagieren, wie ihn Christa Wolf ihrer Erzählung »Unter den Linden« voranstellt, er lautet:

»Ich bin überzeugt, daß es mit zum Erdenleben gehört, daß jeder in dem gekränkt werde, was ihm das Empfindlichste, das Unleidlichste ist: Wie er da herauskommt, ist das Wesentliche.« Das Wesentliche wurde ihr als Beruf zur Herzenssache.

Wir lernten Maria Sommer – es muss gegen Ende der 70er Jahre gewesen sein – vor der Westberliner Akademie der Künste kennen, sie ging direkt auf uns zu, wir kamen zu ihr in den Verlag, sie übernahm die Medienrechte für Christa Wolfs Texte, es war Sympathie auf den ersten Blick; wir kehrten seitdem ständig bei ihr in der Casa Kiepenheuer ein, zu den gemeinsamen Mittagessen, bei denen sie uns aus dem Osten Berlins mit den Gästen aus dem Westen bekannt machte.

Wer zählt die Daten, nennt die Namen.

Sie pflegte, freilich auf ganz andere Weise als die Varnhagen in ihrem Salon, ihr selbstverständliches Metier, Leute, die sie mochte, zusammenzubringen, damit sie miteinander arbeiteten. Bei ihr trafen wir in den 80er Jahren den Regisseur Ernst Wendt, der mit Barbara Freier und Markus Boysen die Erzählungen »Kein Ort. Nirgends« und »Kassandra« adäquat ins Hörspiel brachte, stiftete Freundschaft zu dem namhaften Hörspielregisseur Jörg Jannings und seiner Frau Ellen, der »Medea. Stimmen« inszenierte. Die Theateraufführungen nach diesen Texten sind bis heute Legion.

Wir lernten bei ihr Ivan Nagel, Claudio Magris und George Tabori kennen. Günter Gaus las aus dem Manuskript seiner Autobiographie »Widersprüche. Erinnerungen eines linken Konservativen«. »Lebhaft stand mir der Abend bei Maria Sommer im letzten Winter vor Augen, an dem er uns dieses Kapitel [über Herbert Wehner] vorlas. Froh war ich, daß wir ihn aus vollem Herzen dafür gelobt hatten [...] Einfühlung in einen hoch widersprüchlichen und schwierigen Menschen, nobel und anständig«, schreibt Christa Wolf am 27. September 2004, Aufzeichnungen, die in ihrem Buch »Ein Tag im Jahr im neuen Jahrhundert« 2013 erscheinen.

Wir trafen bei ihr Klaus Wowereit mit seinem Lebensgefährten ganz außerhalb jeden Protokolls.

Wir hatten Teil an dem, was sie über den Verlag hinaus für uns und andere tat, erlebten sie noch als energische Vorsitzende der VG Wort, unermüdlich zu Tagungen unterwegs, sofort bereit, wenn man sie um Unterstützung für einen in Bedrängnis geratenen Kollegen bat. Sie streitet bis heute fürs Urheberrecht der Autoren. »Manchmal«, berichtet sie, »hat das so funktioniert, dass uns ZDF-Intendant Stolte hinzugezogen hat, bevor er 3sat ins Leben rief.« Glücklicher Moment. Der Streit dauert in Zeiten zunehmender Digitalisierung unerbittlich an. Sie ist in Sorge, dieses für Autoren existenzielle Grundrecht zu sichern. Es war und ist die tägliche Arbeit, das Übliche also, über das man nur wenig spricht, das uns mit ihr freundschaftlich und dankbar verbindet. Mit ihr, der souveränen Prinzipalin, und ihren Mitstreitern: Unvergessen Lüder Wortmann, seit 27 Jahren Bernd Schmidt, jetzt ihr Teilhaber und designierter Nachfolger; Jens Müller und ihre getreuen Mitarbeiterinnen: Grischa Stergar, seit 20 Jahren dabei, Barbara Falk und Anke Elisabeth See; für die Buchhaltung, nicht zu vergessen, seit 42 Jahren Victoria Hammel; schließlich die unermüdlichen Betreuerinnen von Haus, Küche und Keller Sigrid Kretschmer und Dagmar Wraught.

Was sie tagsüber nicht schafft, liest sie bis spät in die Nacht. Sie geht täglich oder nächtlich mit ihrem Schäferhund Zampano und Mischlingshündin Nicki spazieren, so weit die Füße tragen, manchmal in mondloser Nacht. »Bis zur letzten Stunde etwas tun zu können, das sinnvoll erscheint.«

Es gibt zwischen ihr und Christa herzliche Briefe, unzählige Telefonate. Von dem letzten hat sie eben in »Theater heute« 2012 so berichtet, dass einem die Stimme versagt.

2006 zitiert sie in einem Brief an Christa Verse von Andreas Gryphius, die mir für heute gelegen kommen:

Mein sind die Jahre nicht, die mir die Zeit genommen,
Mein sind die Jahre nicht, die etwa möchten kommen.
Der Augenblick ist mein, und nehm' ich den in acht,
So ist der mein, der Jahr und Ewigkeit gemacht.

Herzenssache ist ein Wort aus dem Wortschatz der Texte von Rahel Varnhagen. Es ist mir eine Herzenssache, Maria Dank zu sagen und ihr zur Verleihung dieser Medaille zu gratulieren.

2012

Mit Brigitte Reimann (1933–1973), die vor allem durch ihren Roman »Franziska Linkerhand« und die Bände ihrer Tagebücher bekannt wurde, verband uns eine intensive Freundschaft.
Zur Neuausgabe des Briefwechsels zwischen ihr und Christa Wolf »Sei gegrüßt und lebe. Eine Freundschaft in Briefen und Tagebüchern« schrieb ich diesen Text.

Die Freundschaft zwischen Brigitte Reimann und Christa Wolf

»Der Mensch hat nichts so eigen,
so wohl steht ihm nichts an,
als daß er Treu erzeigen
und Freundschaft halten kann.«

Friedrich Schorlemmer zitiert diese Verse von Simon Dach in seinem Nachruf für Christa Wolf.

Und von den Freundschaften, die uns durch Zeugnisse, umfangreiche Briefwechsel und Tagebücher schon zugänglich überliefert sind, wie von Christa Wolf und Brigitte Reimann, erfahren wir nicht nur etwas über ihre ganz persönlichen Haltungen und Befindlichkeiten, sondern Gültiges über eine Zeit, in der sie mit allen Fasern gelebt haben, so dass wir uns über sie ein Bild machen können, wirklichkeitsgesättigt, ich sage auch, wahrhaftiger als jede, wie auch immer opportune, auch manipulierte Darstellung von Geschichte und ihrer jeweiligen Deutung.

Da sich, wie auch in diesem Briefwechsel, die Partner ziemlich rückhaltlos offenbaren, um aufeinander einzugehen, werden wir, ob wir nun wollen oder nicht, berührt und einbezogen in eine Zeitgenossenschaft, die uns heute schon zu entschwinden droht. Ich schicke dies voraus, weil ich mich selbst noch einmal in diese überlieferten Bekenntnisse hineinbegeben habe, sie wieder las, in ihrem unübertroffenen Ton und Gestus, von dem dann zu lesen sein wird.

Dabei waren die sehr verschiedenen Lebensumstände der Autorinnen, ihr Unterschied in Herkunft, Entwicklung und schriftstellerischem Selbstverständnis zunächst kaum dazu angetan, sich freundschaftlich näherzukommen.

Brigitte Reimann sieht in Christa Wolf, die sie zunächst nur auf den Routinetagungen des Schriftstellerverbandes wahrgenommen hatte, wie sie in einer Tagebuch-Eintragung von 1960 festhält, »ihre beste Feindin«, weil sie Christa Wolf in einer Jury weiß, die einen Preis nicht ihrer Erzählung »Das Geständnis« zugesteht, sondern einem Text von Irmtraud Morgner. Brigitte Reimann lebt und urteilt ganz aus der Emotion heraus, begegnet Christa Wolf 1963 in Halle, empfindet sie »fraulicher, gelöster«, seit sie schreibt (Tagebuch vom 27. 8. 63) – was sie gut beobachtet, denn es ist die Zeit nach Erscheinen des Buches »Der geteilte Himmel« mit geteilten Kritiken aus Ablehnung und Anerkennung. Christa muss Brigitte auch von ihren Schreibschwierigkeiten berichtet haben, was sie ihr, die sie ja auch bewundert, erst wirklich sympathisch macht.

Für Christa Wolf ist Brigitte Reimann vermutlich erst nach ihrem Buch »Ankunft im Alltag« von 1961 als Schriftstellerin interessant. Ein Titel, der ja dann für eine neue Sehweise in der Literatur der DDR Motiv und Schlagzeile liefert: Ankunftsliteratur. Eine Generation, hier erwachsen geworden, spricht von ihrem Anspruch, die tatsächliche Lebenswirklichkeit zu kennen und literarisch gültig an- und auszusprechen.

»Hier wird Neuland gegraben und Neuhimmel angeschnitten –/Hier ist der Staat für Anfänger, Halbfabrikat auf Lebenszeit«, dichtet Volker Braun auf die »Erbauer der Stadt Hoywoy« (»Anspruch«). Eine Apotheose auf die Stadt Hoyerswerda, direkt an den großen Betrieben gelegen, welche die Braunkohle der umliegenden Tagebaue verarbeiten und Energie für die gesamte DDR erzeugen und die dörfliche Landschaft rigide in Besitz nehmen; Hoyerswerda, Stadt, in der Brigitte wohnt und bald mit den Bauherren der stereotypen Plattenbauten in Disput gerät und die gravierenden Konflikte anspricht, die ihr bis zu ihrem frühen Tod zum Lebensthema werden: grundsätzliches Infragestellen der realexistierenden Gesellschaft, das sie in ihrem großen Roman »Franziska Linkerhand« exemplarisch austragen lässt.

Christa Wolf machte ihre frühen Erfahrungen mit der desperaten Wirtschaft des Staates im Waggonbau Ammendorf in Halle an der Saale zum Austragungsort ihrer Erzählung »Der geteilte Himmel«.

Näher miteinander bekannt werden beide erst im Oktober 1963, als man sie zu einer gemeinsamen Delegationsreise nach Moskau schickt. Christa Wolf, mit den dortigen Verhältnissen und ihren inneren Schwierigkeiten schon vertraut, amüsiert sich über die Eskapaden der jüngeren reizvollen Brigitte, in die sich die jungen Männer stante pede verlieben, voran »Giorgij, der schöne Georgier, schwarz und schlank [...]. Nur drei wissen«, wie es zwischen ihnen zugeht. »Giorgi, Brigitta und Gott«, so notiert sie es im Tagebuch. Christa reflektiert später in einem Brief von 1969: »Weißt Du noch, wie Du in Moskau entsetzt warst, als niemand sich bereit fand, in der nassen Bahnhofshalle einen Betrunkenen aus der Pfütze zu ziehen? [...] Und so enttäuscht warst von den neuen Menschen, die Du Dir anders vorgestellt hattest?« Und sie spricht offen auch über den ihr schon bekannten Betreuer des dortigen Schriftstellerverbandes »Wolodja Steschenskij, der mich damals liebte, liebt mich immer noch [...] und sagt, daß man ein zweites Leben haben müßte, in dem man alles verwirklicht, was man im ersten nur träumt. Dann, sagt er, würde er auf mich warten. Bloß ich nicht auf ihn, so ist das.« (Brief vom 5.2.69).

Brigitte Reimann aber weiß, »Christa ist so ein Mensch, dem man alles sagen kann, und man weiß es bewahrt« (Tagebuch vom 11.10.63). Sie ist ihr seitdem für immer zugetan.

Ihre intensive gegenseitige Freundschaft beginnt erst eigentlich Jahre später mit dem Briefwechsel 1968/69, und ich kann mich rühmen, ihn mit veranlasst zu haben, weil ich Christa von meinem Aufenthalt in Hoyerswerda ausführlich erzählte, wo ich in dem Kunstverein, den Martin und Helene Schmidt leiteten, gelesen hatte und auch Brigitte in ihrer Wohnung besuchte. Brigitte, die mir als Person ungemein gefiel, und vor allem imponierte mir, wie sie selbstbewusst und couragiert mit ihrer Krebsoperation umging.

Schon im ersten Briefwechsel sprechen sie sich offenherzig aus und machen sich wechselseitig, jede auf ihre Art, Mut und Hoffnung.

Es ist schließlich das Jahr 68, in dem Christa Wolfs Buch »Nachdenken über Christa T.« heftig angegriffen und nach einer Attacke auf dem Schriftstellerkongress im Mai 1969 so abgeurteilt wird, dass es die nächsten drei Jahre in der DDR nicht mehr erscheinen darf, während es im Westen als Bestseller Erfolge feiert.

Die entscheidende Rede, die Christa Wolf vorwirft, »unsere Lebenswirklichkeit zu bezweifeln, bewältigte Vergangenheit zu erschüttern, ein gebrochenes Verhältnis zum Hier und Heute zu erzeugen«, hält der Schriftsteller Max Walter Schulz. Autoren wie Reiner Kunze wird, auch wegen seines Parteiaustritts 1968, »Bündnis mit dem Antibolschewismus« vorgeworfen, die Anthologie »Saison für Lyrik« wird verboten. Ich erinnere daran, weil Brigitte gerade von einem solchen Autor wie Schulz ganz persönlich enttäuscht ist und sich Vorwürfe macht, nicht öffentlich für Reiner Kunze einzutreten; Kunze, der im Gedicht »Das Ende der Kunst« schreibt:

Du darfst nicht, sagte die eule zum auerhahn,
du darfst nicht die sonne besingen
Die Sonne ist nicht wichtig

Der auerhahn nahm
die sonne aus seinem gedicht

Du bist ein künstler,
sagte die eule zum auerhahn

Und es war schön finster

»Nackter vergnatzter Individualismus«, kommentiert Max Walter Schulz.

Es hallt auch wie ein Nachruf auf das Jahr 1968. Jahr des Prager Frühlings und des Monats August, in dem sowjetische Truppen des Warschauer Pakts die ČSSR besetzen und alle Bestrebungen auf einen »Sozialismus mit menschlichem Antlitz« zunichtemachen; wie man heute weiß, vermutlich die Zerschlagung des letzten Versuchs, die darniederliegende rückständige Wirtschaft des sozialistischen Lagers zu reformieren.

Die Freundinnen vereint, dass sie sich seitdem ihrer inneren und äußeren Widerstandskräfte versichern. Brigitte, sie hat gegen den Einmarsch protestiert, vor allem in wirklich aufreibender Auflehnung gegen die fortschreitende tödliche Krankheit mit ihrem konsequenten Weiterschreiben am Franziska-Buch, das ihr, mit den Verwicklungen einer gescheiterten und dem Beginn einer neuen Ehe, allen Lebenselan abfordert. Christa in ihrem Beharren auf ihrer widerständigen Poetik, die sie in ihrem Essay »Lesen und Schreiben« begründet und mit der sie auch Brigitte beeindruckte, die sich zunächst für die essayistische Schreibweise von Christa nicht begeistern kann und auf ihrer Art zu erzählen besteht. Worin sie gerade von Christa bestärkt wird, ihr wichtigstes Buch, das Bestand haben wird, zu Ende zu schreiben, und die der leicht zu irritierenden Freundin beisteht, sich nicht beeinflussen zu lassen von anderen wie der selbstgewissen Kritikerin Annemarie Auer.

Ich schreibe davon, weil sich im Hintergrund dieser Briefe auch ein Kapitel deutscher Literaturgeschichte abspielt mit Namen wie Reiner Kunze, Günter de Bruyn, Otto Gotsche, um nur einige zu nennen, von den Autoren im Umkreis von Neubrandenburg wie Margarete Neumann und Helmut Sakowski ganz abgesehen.

Die Briefe aber sind vor allem gezeichnet von Geständnissen, die sie nur eine der anderen mitteilen. Brigitte gesteht dazu: »[...] daß Du [...] in einer reineren Luft lebst [...] Und ich gerate nur wieder (aus Neigung?) in die Gesellschaft von Verrückten und Schwulen und Barkeepern [...], ich fing an

Umschlag zur erweiterten Neuausgabe des Briefwechsels zwischen Brigitte Reimann und Christa Wolf, 2016.

zu trinken, erst allein, dann mit anderen [...], eine Menge überflüssiger Männergeschichten [...]. Und jetzt habe ich einen Geliebten [...]. Na, nun schwatze ich doch so ein Zeug zusammen, und gleich werde ich sagen (auch wie früher): ich möchte ein guter Mensch werden.« (Brief vom 11.7.70)

Christa antwortet nicht weniger rückhaltlos: »Ein so lockeres Leben wie Du könnte ich mir nicht erlauben, es würde auch nicht zu mir passen [...]. Ich verurteile es bei anderen nicht, ich gucke bloß zu. Mir ist eben das zugefallen, eine Familie, mit der sich ganz gut leben läßt, und alles, was damit zusammenhängt an Vergnügen und Einschränkungen. Daß man mich für streng und über manches erhaben hält, weiß ich auch, es stimmt nicht ganz, ist manchmal lästig, manchmal nützlich. Von meinen Krisen laß ich möglichst wenig nach außen [...]. Dafür schreibe ich eben.« (Brief vom 16.7.70)

Man kann noch vieles aus diesen unvermittelten Briefen und Tagebuchnotizen lesen, worin sich die beiden unterscheiden und gerade dadurch nahekommen. Man spricht von einem »authentischen Porträt eines DDR-Alltags zweier kreativer Frauen«, über Momente jener Zeit, die uns bis heute betreffen.

Wir haben uns in jenen 70er Jahren öfter besucht. Sie trafen wir in ihrem schönen Zimmer mit Blick auf den Garten in Neubrandenburg, das glücklich heute wieder zu sehen ist. Brigitte kam zu uns in das weitläufige, anmutig gelegene Haus in der Fontanestraße in Kleinmachnow, erbaut von Hermann Henselmann noch vor der Nazizeit, ein Westgrundstück, in dem wir zur Miete wohnten mit den Töchtern, der Katze Napoleon und wo sie an unserem Familienleben teilnahm.

Es läuft am Ende dann alles auf die Besuche von Christa in der Krebsstation im Klinikum Berlin-Buch hinaus, und es hilft wenig, dass sie Brigitte mit dem überwundenen Karzinom von Alexander Solshenizyn zu ermutigen sucht.

In Vorwegnahme will ich aus Christas letztem Brief an Brigitte zitieren:

»Ich will Dir sagen, daß ich seit langem Deine Leistung, unter diesen Schmerzen und unter diesen äußeren Umständen voll zu leben, bewundere. Es zeigt sich jetzt, welch ein Reichtum an Lebensbeziehungen in Dir ist, was für ein lebendiger Mensch Du bist, neben so vielen schon innerlich halb Abgestorbenen, und wie stark und zäh Du sein kannst. Ich glaube, daß Dein Buch auch davon einen Eindruck geben wird.«

Christa Wolf hat nicht wissen können, dass Brigitte Reimann in ihren rückhaltlosen Tagebüchern »Ich bedaure nichts« und »Alles schmeckt nach Abschied« die bleibende Wirkung des Authentischen und auch Literarischen noch einmal übertreffen wird. »Ein Parlando, in dem der Odem großer Literatur webt«, wie es ein von mir wenig geschätzter berühmter Literaturkritiker zu Recht formuliert hat.

Man liest in dem Briefwechsel und den Tagebüchern der beiden einen lebendigen Dialog über vier Jahrzehnte hinweg.

Ich variiere Schlusssätze von Christa Wolf: Einmal wird man wissen wollen, wer sie waren, wie sie waren. Wird sie also noch einmal hervorzubringen haben, dass man sie sieht: Wann, wenn nicht jetzt?

2012/2015

Gerhard Wolf und Volker Braun, 1989.

Volker Braun (geb. 1939) gehörte zu den ersten Autoren der »Sächsischen Dichterschule«, die ich zu Beginn der 60er Jahre im Mitteldeutschen Verlag veröffentlichen konnte – ihn zuerst mit seinem Band »Provokation für mich« 1965. Seitdem stand ich mit allen seinen Werken in Verbindungen. Ich schrieb mehrfach über ihn, zuletzt im Band »Im deutschen Dichtergarten. Lyrik zwischen Mutter Natur und Vater Staat. Texte aus fünf Jahrzehnten«, Stuttgart 2018.
Wir sind von Beginn an eng befreundet.

Volker Braun
Dichtung als Geschichte der Zeit

»Was bleibet aber, stiften die Dichter«

Friedrich Hölderlin

Was erfährt man bei Betrachtung dieses Werkes über Jahrzehnte hinweg? Volker Braun hat in all seinen Versen, in Prosa oder Drama nichts weniger als die Erfahrungen des persönlichen und damit des gesellschaftlichen Lebens in einem Lande zur Sprache gebracht, wie man sie treffender und komprimierter nicht formulieren könnte.

Jahre, die ich mit seinen Zeilen pflastere – Wege und Abwege. Um- und Irrwege, die ich stets zur Verfügung habe. Verse, der Zeit abgelauscht, abgerufen, abgerungen und abgewonnen. Dichtung, die ich, bedenkend und bedenkenlos, mit gutem Gewissen aufrufen kann: »Provokation für mich« (1965), die doch als Provokation an alle gemeint war.

Mein bebautes Land, zufrieden, nicht schön
Das ein Trost ist, das verletzbare, friedliche
Frei von den Ufern der Länder! aber es tröstet mich nicht

hieß es in »Wir und nicht sie« (1970).

Gedichte »Gegen die symmetrische Welt« (1974) gerichtet, im »Training des aufrechten Gangs« (1979) »Ich kann es nicht anders machen«, ahnungsvoll »Langsamer knirschender Morgen« (1987).

Worte, die Momente und kontinuierliche Folgen, spontane Einfälle und sinnfällige Metaphern, die zugleich eine Epoche anpeilen, im »Lustgarten, Preußen« zusammenfassen und im großen Gedicht »Das Eigentum« das Bleibende eines gesellschaftlichen Umbruchs markieren, der uns seitdem im Bann hält, so dass ich es hierher setze.

Das Eigentum

Da bin ich noch: mein Land geht in den Westen.
KRIEG DEN HÜTTEN FRIEDE DEN PALÄSTEN.
Ich selber habe ihm den Tritt versetzt.
Es wirft sich weg und seine magre Zierde.
Dem Winter folgt der Sommer der Begierde.
Und ich kann bleiben wo der Pfeffer wächst.
Und unverständlich wird mein ganzer Text
Was ich niemals besaß wird mir entrissen.
Was ich nicht lebte, werd ich ewig missen.
Die Hoffnung lag im Weg wie eine Falle.
Mein Eigentum, jetzt habt ihrs auf der Kralle.
Wann sag ich wieder mein *und meine alle.*

Wie auch sein »Großer Frieden« (1979), einst Wunschtraum-Drama, bis heute nur auf der Bühne stattfindet und nicht auf Kontinenten. Und wir, wie auch immer, in einer »Übergangsgesellschaft« (1987), von der man das Ende nicht kennt.

Seine Gedichte also nicht nur Gelegenheitsgedichte, wie sie seit Herrn Gottsched zum Begriff geworden sind oder wie es Goethe in seiner »Dichtung und Wahrheit« formuliert: »die erste und echteste aller Dichtarten, [...] verächtlich auf einen Grad, daß die Nation noch jetzt nicht zu einem Begriff des hohen Wertes desselben gelangen kann«, sondern als Zeit-Gedicht, wie man es damals und heute selten findet, das Eigentliche unseres Lebens, das Poetische, das immer recht hat, »weit über das Historische hinaus«, wie es schon der alte Fontane wusste, das »Bleibende«, von dem Hölderlin spricht. Bleibendes über alle Parteien und staatliche Ordnungen hinweg.

Es ist schon so, Verse seiner Jugend treten unvorhergesehen mit denen des Alters in Kontakt.

»Zyklus für die Jugend«, da Bilder und Redensarten mutwillig-genial durcheinanderwirbeln, zum Sinnbild traktieren, die Freiheit des »Jazz«, »Flüche [...] für zeitfremde Leute«, »Vorläufiges«, die die Funktionierenden und die Funktionäre zur Verzweiflung brachten, so dass sie seine dichterische Existenz bedrohten, was heute keiner mehr weiß, geschweige denn verstehen kann, der unsere Vergangenheit ausblendet oder zur Opferrolle heroisiert. Dichterische Stimme, die sagt:

> *[...] EHRLICH waren sie*
> *(Das ist doch schon was zuzeiten der Zäune und Türschlösser)*

Jugendlich »Immerwährendes«, das wir erstaunt lesen können bis in die Ausschweifungen des »Wilderness« heutiger Tage –

Und ich wittre wieder die Gier
Gemeinsamkeit,
das Notwendige, ohne Zwang
Unbändige Freiheit.

Exemplarisches – Utopia – verschrien wie einst, totgesagt zu einer Wende und wieder auferstanden

Gewaltig, absurd wie ein neuer Krieg.

Es lassen sich zwischen Zeilen unwiderstehlichen Beginns einer

Mitteilung an die reifere Jugend –
Nein, die Bäume unserer Lust könnt ihr nicht
konstruieren …

zu gegenwärtigen Versen unversehens Brücken schlagen, dichterisches Pathos über Dezennien hinweg »Weltall Atlantis«, mit dem Menetekel

Lust, nicht Hoffnung! ziehn aus dem Rohstoff.
Wir Versinkenden in den Planquadraten, daheim
In Legoland in Medien,
stillen die Untergangssehnsucht
Warenflut, »Schicksal« (d. h. nicht handeln).
Liebe finden fürs Kommende, höchste Kunst.

wie einst und für immer:

Ich sage es, und indem ich es sage
Ist es mehr als ich weiß
In diesem
*Lärmgewohnten Jahrhundert.**

2014/2020

* Freie Zitate nach »Provokation für mich« (1975) und »Wilderness« (in: Volker Braun, »Handbibliothek der Unbehausten. Neue Gedichte«, Berlin 2016).

Barbara Beisinghoff (geb. 1945) schätze ich als vielseitige Künstlerin. Ich konnte sie 2009 für eine Ausstellung in der Galerie Forum Amalienpark Berlin-Pankow gewinnen und bin seitdem mit ihr in freundschaftlichem Kontakt. So schrieb ich für ihr Buch »Das Gesetz des Sterns und die Formel der Blume« 2014 diesen Text.

Zu den Motiven der Kunst Barbara Beisinghoffs

»Anmut sparet nicht noch Mühe
Leidenschaft nicht noch Verstand [...]«
Bertolt Brecht, »Kinderhymne«

Ja, seltsamerweise sind es diese Verse Brechts, die mir zuerst in den Sinn kommen, wenn ich ihre Blätter vor mir habe, sie immer wieder erstaunend betrachte.

Denn ich weiß zugleich, dass ich nur wenige Seiten ihres umfangreichen, vielgestaltigen, lebenslangen Schaffens wahrnehmen kann, aber jedes Mal erneut bewundere, was ich selbst mit meinen Händen greifen kann und zu begreifen versuche.

Anmut
war es, die Christa und ich beim Anblick ihrer Person sofort empfanden, als sie uns mit ihren uns gewidmeten Arbeiten im Spätherbst 2009 entgegenkam. Wie sie an unserem Tisch etwas von dem ausbreitete, was unter ihren Händen über die Jahre und unmittelbar zuvor entstanden war, auch um es uns vertrauensvoll zuzueignen, war es doch nur ein kleiner Ausschnitt von dem, womit sie uns Einblick gewährte in ein

Barbara Beisinghoff, »Turm für eine Hellseherin«,
Wasserzeichenblätter mit Zitaten aus Christa Wolfs »Kassandra«.

Werk, das weit über die Grenzen des uns bisher Bekannten hinaus bezauberte.

Nicht der Mut zum Risiko fanden wir, eher Wage-Mut zu einem Durchsetzungsvermögen über Barrieren der ihr zur Verfügung stehenden »Materialien« hinweg war es, der uns für sie einnahm. Längst mit Auszeichnungen und Preisen bedacht, uns bis dahin kaum bekannt, erlebten wir sie mit dem berühmten ersten Blick auf sie und auf das, was sie zeigte.

Courage mit Herz will ich es nennen. Zartheit einer zierlichen Person für ihre doch schwere Arbeit an Druckmaschinen und den anderen Herstellungsverfahren. Ausdauer und Beständigkeit.

Mühe

die sie aufzubringen hatte, um dem nahezukommen, was ihr vorschwebte; körperliche Anstrengung sondergleichen im Einsatz für die selbstgeschöpften Papiere, die sie uns wie selbstverständlich erläuterte, die Aufgautschverfahren für ihre Papiere oder die Handhabungen ihrer Wasser-Performances, die sie uns schilderte. Fortwährende

Leidenschaft

die sie anschaulich zu beschreiben suchte, von der wir nur wenige Zeugnisse in unserer Ausstellung zeigen konnten; die sie uns in Mappen offerierte, welche – wiederum Genres der Kunst überspringend – sich auch literarischen Texten zuwandten, die ihr entgegengekommen waren wie Christa Wolfs »Kassandra«, die sie nachempfindend zitierte: »Wir [...] überschritten [...] die Grenze, hinter der die Sprache aufhört«, um bescheiden dem Satz: »Ich habe nur noch Wör-

ter ungefärbt«, auf ihre Weise zu widersprechen, sie in Farbe und Prägungen sichtbar zu machen.
Geschöpfte Worte,
die sie für die Hellseherin fand und denen sie Raum gab, den sie bis dahin nicht hatten.
Farben sah ich
Sie hatte die Texte anverwandelt, Sprache für uns in Farbe übersetzt.

Ich brauche mir heute nur noch ihre Blätter vorzunehmen, die sie uns damals großzügig zur Verfügung stellte, indem ich Seite für Seite umwende, ist sie anwesend, wenn ich sie jetzt vor mir habe und das letzte meiner Motive dazu zitiere:

Verstand
um zu ermessen, mit welchen Vorgaben sie zu Werke ging. Verstand aus Anmut des Geistes und des Herzens, wie ich ihn nun abrufen kann, wenn mir danach zumute ist oder ich ihres Zuspruchs bedarf.

Ich sehe uns wie vor Jahren – es gibt ein Foto – mit ihr am Tisch sitzen, um das alles im Gespräch zu erläutern, wovon ich heute nur mit wenigen Sätzen etwas herbeirufen will. Auch vor allem, um ihr zu danken für das, was mir von ihren anmutigen Schöpfungen vor Augen steht und mir, Christas gedenkend, immer nah ist.

»Das Licht, das ich gemeinsam mit Aineias sah, sooft wir konnten. Das Licht der Stunde, eh die Sonne untergeht«, heißt es im Buch »Kassandra«.

2014

Gregor Stach (geb. 1959), als Pole in Berlin lebend, ist der wichtigste Verbindungsmann in unserer Beziehung zu der Geburtsstadt von Christa Wolf Landsberg an der Warthe, heute Gorzów Wielkopolski. Seiner Initiativen und Mithilfe verdanken wir, dass die dortige Stadtbibliothek ein Zimmer für Christa Wolf und ihr Werk einrichtete.

Gorzów heute
Gespräch zwischen Gregor Stach und Gerhard Wolf über die Geburtsstadt von Christa Wolf

Gregor Stach: Herr Wolf, zu den Städten, zu denen Sie eine besondere Beziehung haben, zählt eine Stadt, in der Sie nie selbst gelebt haben: Landsberg an der Warthe oder – wie sie heute heißt – Gorzów Wielkopolski. Wie würden Sie diese Beziehung beschreiben?

Als Sie vom 11. zum 12. Juli 1971 zusammen mit Ihrer Frau Christa, Ihrem Schwager Horst und Ihrer Tochter Katrin einen – heute würde man sagen – zweitägigen Ausflug nach Gorzów unternahmen, bezeichnete Ihre Frau diese Unternehmung empathisch als eine Reise ins Tertiär. Wie erlebten Sie diese Stadt und Ihre Frau während dieser Fahrt?

Bereits einige Monate vor der »Reise ins Tertiär« verfasste Christa Wolf innerhalb von gut vier Wochen einen ersten Text über die Flucht aus Landsberg, den sie aber in ihrer Schublade behielt und den erst Sie 2014 als Buch und Lesung auf einer CD posthum veröffentlichten. Bekamen Sie den Text, zu dessen Niederschrift Sie Ihre Frau ermutigten – als ihr grundsätzlich erster Lektor –, nicht schon 1971 zu lesen?

Gerhard Wolf: Gorzów Wielpolski, also vor 1945 Landsberg an der Warthe, war mir als Stadt, in der Christa Ihlenfeld ihre Kindheit und Jugend verbrachte, durch ihre Berichte nah. Dass wir die Stadt 1971 zusammen mit ihrem Bruder Horst Ihlenfeld und unserer Tochter Tinka besuchten, geschah, weil Christa in ihrem geplanten Buch über ihre Kindheit darüber in unserer Gegenwart schreiben wollte. Sie wollte sich nicht mit einer Geschichte der Flucht begnügen, wie sie ein erster Versuch, »Nachruf auf Lebende. Die Flucht«, beschreibt, den wir jetzt aus ihrem Nachlass veröffentlichten, sondern ein Buch schreiben, das aus der Gegenwart die Vergangenheit der Nazizeit aufarbeitete, wie sie sie erlebt hatte und nun, weit ausholend, vor dem historischen Hintergrund, auferstehen ließ. Deshalb das Buch – sie hat immer den Begriff Roman gescheut – mit seinen vier Dimensionen der authentischen Annäherung – eben ein »Kindheitsmuster«. Deshalb unsere erste Reise dorthin – sie wird ja ziemlich genau auf einer Ebene des Buches beschrieben. Wir hatten zuvor jahrelang Scheu, dorthin zu fahren. Die heftigen Diskussionen in Ost und West über die Anerkennung der Oder-Neiße-Grenze, mit der sich ja die Bundesrepublik lange schwertat, waren sicher ein Hintergrund.

Dabei war Polen für uns, vor allem auch in Hinsicht darauf, was dort künstlerisch möglich war, seit Langem ein Anziehungspunkt. So fand schon 1975 die erste große Ausstellung des Avantgardisten Carlfriedrich Claus, der mein Freund war, in Poznań statt, und mein erster Text über seine Sprachblätter erschien zuerst polnisch in der Zeitschrift »Nurt« und erst später in der DDR deutsch. Wir waren befreundet mit dem Germanisten Stefan Kaszyńsky, Jahre bevor »Kindheitsmuster« 1981 polnisch erschien, übersetzt von Sławomir Blaut, den wir in Warschau trafen.

Gregor Stach: Nach der Wende fuhren Sie erneut mit Christa nach Gorzów, wo sie eine dotierte Auszeichnung entgegennahm. Das Geld hat sie gleich einem Gorzówer Kinderheim gespendet und erntete dafür viel Sympathie vor Ort. Die Atmosphäre im Stadttheater von Gorzów war zum Beispiel sehr wohlwollend und warmherzig. Hat sich während dieser Reise bei Ihnen beiden ein neues Gefühl für die Stadt und deren Bewohner entwickelt?

Gerhard Wolf: Wir waren seitdem natürlich öfter in Gorzów. Zur 750-Jahr-Feier der Stadt 2007 hatte uns der Stadtpräsident sogar ein Auto geschickt, das uns hin- und zurückfuhr, so dass wir an den Veranstaltungen teilnehmen konnten. Aus solchen Begegnungen ist eine lebendige Freundschaft entstanden, wie sie wohl nicht alltäglich ist. Ich erinnere mich, wie ein Bewohner von Christas Kindheitshaus uns Walnüsse schenkte, obgleich zu ihrer Zeit dort noch gar kein Nussbaum gestanden hatte. Vielleicht beleuchten solche Ereignisse mehr als Feierlichkeiten, was uns seitdem mit der Stadt und ihren Bewohnern verband, die selbst erst nach 1945 in die zerstörte Stadt kamen und sie so wieder aufbauten, wie sie uns heute vor Augen steht. Das hat uns seitdem immer bewegt, so dass man – erinnernd an die polnische Nationalhymne – sagen könnte, »Heimat verlassen, aber nicht verloren« in einem künftigen Europa. »Kindheitsmuster« ist auch schon aus solchem Geist heraus geschrieben.

Gregor Stach: Ihre Frau ist die Chronistin der deutschen Teilung. Die Erzählung »Der geteilte Himmel« wurde letztes Jahr, 2015, in der Berliner Schaubühne inszeniert. Das Neue Theater in Halle bereitet auch eine Aufführung vor. Wäre es denn angesichts der weltweiten Fluchtbewegung von über

60 Millionen Menschen nicht auch sinnvoll, mit einer dramatisierten Darstellung der »Flucht« von Christa Wolf an die deutsche Flucht 1944/45 zu erinnern?

Gerhard Wolf: Christa Wolf wollte ja die Flucht von 1945 nicht zum Angelpunkt ihrer Geschichte machen. Man kann sicher auch heutige Ereignisse nur im historischen Zusammenhang erklären.

Ich fände es allerdings wichtig, dass »Kindheitsmuster« heute in neuer Auflage in Polen erscheint. Sicher bedarf es auch von hier aus dazu der Initiative, vielleicht mit Unterstützung des Goethe-Instituts.

Gregor Stach: Im Oktober 2015 sind Sie zum ersten Mal ohne Ihre Frau nach Gorzów gefahren und fanden sie als 15-jähriges Mädchen in Bronze gegossen vor. Auch diesmal begegnete Ihnen die polnische Öffentlichkeit mit uneingeschränkter Herzlichkeit. Ist diese Erinnerungskultur an Christa Wolf mit der deutschen Erinnerungskultur an die Autorin vergleichbar?

Gerhard Wolf: Dass sich die heutige polnische Stadt ihre deutsche Vergangenheit vor Augen führt, deutet nach einem halben Jahrhundert darauf hin, wie das Anliegen, alte Behinderungen und Widersprüche zu beseitigen, Fuß gefasst hat.

Daran ändert auch die heutige Regierung nichts, deren konservative Haltung sicher beunruhigen kann. Schließlich war uns das Polen der Solidarność nahe, und ich hoffe, dass die Demonstrationen aus diesem Geist andauern und Erfolg haben werden.

Gregor Stach: In Danzig erinnert eine Plastik der Romanfigur Oskar Matzerath an »Die Blechtrommel« von Günter Grass. Die Einwohner hatten auch ihn längst in seiner typischen Sitzhaltung in Bronze gießen lassen, aber der Autor lehnte es zu Lebzeiten stets ab, dass ein Denkmal von ihm aufgestellt wird, und schlug stattdessen der Stadtverwaltung selbstironisch vor, für das Geld lieber eine Innentoilette in seinem Geburtshaus in Danzig einzubauen. Nach seinem Tod wurde er nun am Ende doch auf die Bank neben Oskar platziert. Auf der Bank von Nelly in Gorzów gäbe es auch noch Platz für Christa Wolf aus dem Jahr 1971. Würden Sie rein hypothetisch eine solche Initiative begrüßen?

Gerhard Wolf: Ich finde es ausgezeichnet, dass nicht nur diese Figur jetzt an Christa Wolfs »Kindheitsmuster« erinnert. Auch der Gedenkstein für die damals vernichtete Synagoge und die nicht marktschreierisch gestaltete Hauswand nahe ihrem Geburtshaus mit den Zeichnungen heimischer Kräuter – polnisch und deutsch erklärt – werden nicht nur Besucher aus dem Westen beeindrucken. Auch dass das Haus der Kindheit Christa Wolfs restauriert wurde – alles Zeichen, die der Gesellschaft für Freundschaft in Gorzów zu verdanken sind, die von unserer Christa Wolf Gesellschaft unterstützt wird. Die Berliner Besucher, die zur Einweihung des Denkmals von Nelly angereist waren (gefördert von der Rosa-Luxemburg-Stiftung), konnten sich ein lebhaftes Bild davon machen.

Dieser Austausch von Initiativen sollte von dort und hier aus unbedingt fortgeführt werden, man sollte dazu bald ein Programm entwickeln. Die Bank mit der Figur sollte so bleiben, wie sie ist, die Gedenktafel ist richtig.

2016

Róža Domašcyna und Gerhard Wolf in der Smoler'schen Verlagsbuchhandlung Bautzen, April 1998.

Von der Dichterin Róža Domašcyna (geb. 1951) veröffentlichte ich in meinem Verlag Gerhard Wolf Janus press drei Bände mit Gedichten und den Band sorbischer Märchen »Der Hase im Ärmel« in deutscher Sprache. Mit dieser Arbeit verbindet sich unsere intensive Freundschaft. Zur Verleihung des Sächsischen Literaturpreises 2018 schrieb ich ihr diese Laudatio.

Die Dichterin Róža Domašcyna
Unter einem gewaltig mildtätigen horizont

Róža Domašcyna schreibt seltsam bezaubernde Gedichte und Texte, zauberhaft und wirklich in einem poetischen Vollzug wie niemand sonst in gegenwärtiger deutscher Lyrik. Vollzug in zwei Sprachen, Sorbisch und Deutsch, hervorgerufen aus einer gesellschaftlichen Tradition, in einer Landschaft mit alten Dörfern bäuerlicher sorbischer Bevölkerung und gewalttätig veränderter Natur durch die Industrie der Braunkohletagebaue mit zugewanderten Arbeitern deutscher Herkunft: Aus diesem Zwiespalt sucht und findet sie die Sprache für ihre Dichtung.

Lassen Sie mich versuchen, diesen Anspruch zu begründen.

»Wer den Dichter will verstehen/Muss in Dichters Lande gehen«, fordert Goethe, und das Land unserer Dichterin ist die Lausitz, mit Leuten, die als Lausitzer im Deutschen eigentlich nicht so genannt werden. Nur im Polnischen kennt man sie als Lausitzki, sagt sie und weiß um die Verwandtschaft des Sorbischen mit den westslawischen Sprachen, dem Polnischen und dem Tschechischen.

Róža Domašcyna, im sorbischen Dorf Zerna im Landkreis Kamenz geboren, Ort ihrer sorbischen Muttersprache von

Eltern und Großeltern her, studierte – nach Tätigkeit in Redaktionen sorbischsprachiger Zeitschriften, auch mit ersten Gedichten in dieser Sprache – ab 1979 Ingenieurökonomie des Bergbaus. Sie wurde also mit den drastischen Veränderungen durch die Braunkohleindustrie in ihrem Land direkt konfrontiert und vollzog den Bruch mit diesem Beruf, um am Literaturinstitut »Johannes R. Becher« in Leipzig zu studieren und sich ihrer Berufung als Schriftstellerin zu versichern.

Die politisch-gesellschaftlichen Veränderungen von 1990 kamen für sie genau zur richtigen Zeit, um mit ihren Gedichten, wie wir sie seitdem kennen, hervorzutreten.

Warum sie mir und meinem damals gegründeten Verlag vertraute? Sie hat es selbst heiter erzählt: »Da wäre noch die Sache mit dem Namen, sagte Gerhard Wolf. Wie heißen Sie gleich … Thomaschke? Nee, das geht gar nicht … Er nahm mein sorbisches Buch zur Hand … Wie wird das ausgesprochen? Ich sagte es ihm. Prima, sagte er, das nehmen wir. So erschien im Jahr 1991 mein erstes Lyrikbuch in deutscher Sprache mit meinem sorbischsprachigen Namen als erstes Buch im Verlag Gerhard Wolf Janus press. Ihm folgten noch drei.«

Wie intuitiv richtig ich damit lag, berichtet sie später, wenn sie schreibt:

»Das Kind heißt Rosel. Jedenfalls wird es so gerufen. Es weiß, dass es Rosa heißt, es weiß, dass es in der Schule Róża heißt, es weiß, dass das richtig ist. Es weiß, dass das, was zu Hause gesagt wird, falsch ist. Es spricht so, wie es zu Hause gesagt wird.«

So sind schon dem Kind die Sprachschwierigkeiten bewusst, aus denen sie dann als Róža Domašcyna ihre eigene dichterische Sprache findet, die sie in der Welt bekannt macht. Sie selbst sah ihre ersten deutschen Verse damals noch als Experiment, wie man aus einer Sprache in die andere wechselt, um dann von einem Buch zum nächsten – vom »Zaungucker«, der sich seiner zwiespältigen Lage bewusst werden muss,

auf großem fuß das leben – einmal nur –
willst du es kosten durch die haut, und ganz.
Es nehmen bis zum letzten lämmerschwanz.

zum nächsten Band, »Zwischen gangbein und springbein«

ein selbstloses ich, vogelfrei

– zu verkünden:

Ja

außerhalb der sprachlosigkeit der totalen
verstummung der totalen hörigkeit
wetz ich mir gangbein und springbein
aus dem stand komm ich sag mir laß mich
nicht mal tot sein wenn ich gestorben bin

um übermütig und phantasievoll über alle Möglichkeiten, die ihr nun zur Verfügung stehen – »selbstredend selbzweit selbdritt« –, ihren eigenen poetischen Bereich autonom und befreit nach allen Richtungen hin auszuleben, auszusprechen und auszuschreiben »im zwieland mit doppelzüngiger duellität«, eine Landstreicherin über Traditions- und

Sprachgrenzen hinweg, oft in einem Atemzug vom Sorbischen ins Deutsche wechselnd, beide Sprachen gegeneinander führend, mit ihnen ein übermütiges Spiel zu treiben.

Der schöpferischen Phantasie alle Zügel schießen zu lassen, um daraus eine Poesie zu entwickeln, die nur ihr zugehört:

bewußtlos gemußt
zwielaut zwillingsschlinge
in der die erwartung des niederschlags zappelt
des spruchs ohne ruin
quer durch die ganze grammatik –
doppelt verneint heißt einfach bejaht

In der Lyrik der Domašcyna spiegelt sich vor dem Hintergrund ihres Landes ihre Autobiographie. Eltern und Vorfahren werden benannt und aus der Vergangenheit mit der Gegenwart konfrontiert.

Gegenwart, die auch polemisch akzentuiert wird, wenn die Zerstörungen benannt werden, die ganze Landstriche verwüsten, ganze Ortschaften vernichten.

Den Plakatvers

»Man kann uns befehlen,
man kann uns bitten,
wir gehen aber nicht weg,
wir bleiben in Klitten!«

zitiert sie vor ihrem Text »Ausgrenzung«, und ihr Gedicht »Moja hola« (Meine Heide) skandiert wie eine kämpferische Ballade den unwiederbringlichen Verlust:

[…] bagger gekommen baum umgeworfen haus
abgebaggert

[…]
vater gestorben fiedel hinterlassen

bagger gekommen fiedel zerbrochen
niemand spielt Ach, Moja hola
ach mojahola achmojahola ach […]

Die Stadt Bautzen tritt als »Budissin 90« in die freirhythmischen Verse:

[…] Heute pilgert man zum Gelben Elend.
Zwischen der tat und dem grund ist weder atem
noch geist. Zwischen dem tag und dem morgen
steht der knast,

ruft sie das berüchtigte Gefängnis ins Gedächtnis.

Beschaulich sind ihre Texte nie; ihr Spott gilt der gängigen Spreewald-Folklore, »dem ›Ansichtsparadies‹ mit ›Spreewaldpuppen‹ der andacht, der maifeiern fastnachtsumzüge trachtenprozessionen«.

Ihre vorbehaltlose Liebe gehört den sorbischen Volksmärchen, mit ihrem zauberhaften Reiz unmittelbarer Überlieferung. Die Texte waren ihr seit Kindheitstagen vertraut, als sie ihnen im Hause ihrer Großmutter Hana Chěžcyna in Horki zuhören konnte und seitdem von ihnen so fasziniert war, dass »zum Beispiel eine Weide […] zur Elfe wurde […], sie Irrlichter erkannte, im Laub des Apfelbaums einen Drachen schaukeln sah und Maskengesichter, die Fratzen zogen und mir was zuriefen«, eine Fabelwelt mit guten und bösen Geistern, die ihr nicht aus dem Sinn kamen, bis sie beschloss, diese Mythen und Legenden aus der Geschichte ihres Volkes selbst, in ihrer Version, nachzuerzählen, aus weiter Ferne kommende Sinnbilder des gegenwärtigen Gewissens, so dass sie das Buch »Der Hase im Ärmel« 1997 mit den adäquaten kräftigen geheimnis- und schwungvollen Grafiken von Angela Hampel in der Reihe ihrer Bücher und als Künstlerbuch gestaltet veröffentlichen konnte.

Ungemein sinnbildliche und drastische Geschichten – »Gift im Herzen: Honig im Hintern«, »Zamperzeit« – die sorbische Fastnacht; Geschichten der Ludki, der Zwerge; »Die wilden Frauen« – »Die Teufelin peinigt mehr als der Teufel«, wie es in einem der alten Sprichwörter heißt, die im Buch den Sagen gleichnishaft zugesellt sind; die Streiche Pumphots, eines sorbischen Eulenspiegel, der den preußischen Feldmarschall, den alten Dessauer, zum Besten hält, indem er dessen Soldaten in Hirsekörner verwandelt. Viele der Märchen haben einen historischen Hintergrund. Vom Siebenjährigen Krieg ist die Rede und »Wie man das Sterben überlistet«. Eine üppige Märchenwelt, »Merkwürdigkeiten« und »Alltägliches« in turbulentem Treiben, zu dem Angela Hampels »geflügelte hunde« ihrer radikalen Grafiken dazugibt; wie der Hase tatsächlich durch den Ärmel fährt. Unbändige gestische Bilder, die dem Text an Schärfe nicht nachstehen. Geben wir dem hinterlistig-kruden Humor einmal die Gelegenheit, wie aus einer alltäglichen Begebenheit aus Gut und Böse eine hinterhältige Szene die Sätze findet:

Nicht so schlimm

»Grüß Gott, Junge!«
»Nicht mehr Junge.«
»Wieso denn das?«
»Hab mir eine Frau genommen.«
»Das war gut!«
»Nicht so gut.«
» Wieso denn das?«
»Andere sind zu ihr gekrochen.«
»Das war schlimm.«
»Nicht so schlimm.«
»Wieso denn das?«
»Einer ließ drei Taler hier.«
»Das war gut.«
»Nicht so gut.«
»Wieso denn das?«
»Die Steuer fraß die Taler.«
»Das war schlimm.«
»Nicht so schlimm.«
»Wieso denn das?«
»Vom Rest mästete ich zwölf Schweine.«
»Das war gut.«
»Nicht so gut.«
»Wieso denn das?«
»Die Frau ertrank im heißen Schmalz.«
»Das war schlimm.«
»Nicht so schlimm.«

Wie in der Fabel besticht in den Versen der Róža Domašcyna die Unmittelbarkeit, mit der sie das, was geschieht, sinnbildlich Gestalt werden lässt, so dass man geradezu von der Körperlichkeit in ihren Gedichten sprechen möchte. Anwesenheit der Person selbst als ich, die sich ohne Scheu offenbart und aussetzt, uns ins Vertrauen zieht, wenn wir es wollen.

Und da hab ich noch die zwiebeln, die ich für
dich zu zöpfen geflochten habe

beginnt eines der Gedichte, die sich aus der Alltäglichkeit zum intimen Geständnis entfalten. Róža hat Liebesgedichte geschrieben, erotisch direkt und diskret, Geständnisse, wie man sie sonst nicht kennt.

Aufwach, schöne Seele,
Geh zu deinem Leibe

zitiert sie als Motto nach einem sorbischen Lied, um zu gestehen:

Wo du nicht bist

bin ich auch nicht [...]

Nichts wird dich retten vor mir
[...]
wenn du da bist
kehrt der leib zurück

sagt sie wie selbstverständlich und in Kenntnis des Sorbischen, das in der Mehrzahl auch den Dual kennt, Dual für zwei Personen, zwei Frauen, zwei Männer und auch für Mann und Frau:

und den gang deiner augen
beim akt vor dem spiegel
selbzweit

Nach einem Vers von Anna Achmatowa sagt sie:

Nur berühren

will ihn nur berühren [...]
seine pulse hetzen
so wie – jetzt
leg ich meine hand auf die seine
ganz einfach ganz leicht
umschließe ich sie
die hand eines mannes
in der hand einer frau

Ich kann nur Beispiele geben. Als Abschluss nur noch das:

Epitaf

alles außer dir
ist außer mir
wie dieser flache hügel
da ist nichts drin
da du ja in mir
bist

»Hab meinen Körper noch nicht getilgt«, heißt es, und wir stimmen ihr zu, wie sie es von Gedicht zu Gedicht vor unseren Augen geschehen lässt, frank und frei, »Zampern ohne zaum«, »unterm Doppelstern«, »Plapperwasser«, »Frostfraß« und »Wortall«, sie hat aus dem Sorbischen für unser Deutsch neue Worte gefunden.

Es ist eine gute Wahl, diesen Sächsischen Literaturpreis 2018 an Róža Domašcyna in Hoyerswerda zu überreichen.

Die Stadt im Zentrum der Braunkohlenindustrie, einzige Möglichkeit, die DDR mit der lebensnotwendigen Energie zu versorgen, zwiespältige Stadt mit erstem Aufbauethos, das Hoywoy Volker Brauns, der mit seinem Kipper Paul Bauch zugleich allen Übermut kräftig auf die Schippe nahm. Stadt der Brigitte Reimann, die hier ihre »Ankunft im Alltag« fand, um dann die aus dem Sand errichteten genormten Plattenbauten in Protest und Prosa aufs Korn zu nehmen.

In Hoyerswerda gab es den Freundeskreis von Arbeitern und Ingenieuren, den Martin und Helene Schmidt leiteten, in dem kritische Schriftsteller und Künstler mit Lesungen und Ausstellungen auftreten konnten, wie man sie sonst im Lande kaum fand. Ich erwähne das, weil man es heute nur zu gern vergisst.

Unsere Preisträgerin ist dieser Szene, wie ich höre, heute aktiv verbunden. In Wuischke am Čornobóh siedelten sich damals aufsässige Autoren wie Heinz Czechowski, Adolf Endler und Elke Erb an, um fern vom offiziellen realsozialistischen Literaturbetrieb in der Nachbarschaft des sorbischen Dichters Kito Lorenc zu leben und zu schreiben. Lorenc, der von seiner Struga in zwei Sprachen dichtete.

Heute liest der in Frankreich lebende Peter Handke im Suhrkamp Verlag aus den Texten seines Freundes. Nicole Bary gab Gedichte von Róža Domašcyna in französischer Übertragung heraus: Der Dichterin wurde 2003 in Paris der »Prix Evelyne Encelot« verliehen; sie ist mit Nachdichtungen aus dem Polnischen und Slowakischen bekannt geworden – eine Autorin, die in europäischen Ländern weit über Deutschlands Grenzen hinaus publiziert …

Es wäre an der Zeit, dass sich hier ein großer Verlag ihres Werkes annimmt, um es nach den verstreut erschienenen Titeln, den vergriffenen Erstausgaben, würdig herauszugeben. Vielleicht gibt die heutige Veranstaltung dazu einen Anstoß.

Denn dass der Freistaat Sachsen Róža Domašcyna jetzt seinen Literaturpreis verleiht, gilt mir als gültige Anerkennung und Heimholung ins Land ihrer Herkunft aus zwei Sprachen, denen sie durch Poesie Weltgeltung verlieh. Wer hätte das einst, Róža, von einem Zaungucker gedacht!

Sie, die heute schlicht und einfach sagen kann:

Wo ich bin

wächst gras. Dazwischen ist ein kahlgetretner pfad, der
die längsachse des körpers teilt, was aber auf der rasen-
kante nicht sichtbar wird. So bleibt der zwiespalt in der
person stecken, wie die vorstellung, nach dem tode
etwas auszuhalten, zu etwas nütze zu sein. Humus, der
die halme anfeuert zur blüte.

2018

Angela Hampel (geb. 1956) war Forstarbeiterin, bevor sie an der Hochschule für Bildende Künste Dresden studierte. Sie schuf eine Lithographien-Folge zu Christa Wolfs »Kassandra«, u. a. zur Ausstellung auf der Moritzburg Halle/Saale 1987. Wir sind seitdem befreundet.
Im Verlag Gerhard Wolf Janus press erschienen ihr Buch »Angela Hampel. Eine Künstlerin in Dresden. 1982 bis 1992« und jährlich ihre Grafik-Kalender. Ich sprach zu ihren Ausstellungen im Schloss Arolsen und in Berlin.
Diese Grußworte schrieb ich im Februar 2020 zur Eröffnung der Ausstellung Angela Hampels in der Galerie des Kurt Tucholsky Literaturmuseums Schloss Rheinsberg.

Angela Hampel
Schriftzeichen – Bildzeichen
Arbeiten zur Literatur

Liebe Angela, wo beginnen, wie enden …

Natürlich erinnere ich mich an unsere erste Begegnung in der Ausstellung zu Christas »Kassandra« 1987 in der Moritzburg in Halle/Saale genau. Und ich kann Christa zitieren, wenn sie sagte: »Angela Hampel hatte ihre kühnen Kassandra-Interpretationen gemacht, wo sie das Kassandra-Thema ganz gegenwärtig auf Situationen bezogen auffasste. In ihrem Zyklus waren die Kassandren junge Punkerinnen. Sie hat ganze Entwürfe aus diesem Thema entwickelt, verwandt mit ihrem Penthesilea-Zyklus und fortgesetzt mit Undine. So entstand eine enge Freundschaft.«

Vielleicht hat bei keiner anderen Künstlerin das Bild der modernen selbstbewussten Frau in allen nur möglichen Konstellationen eine solche Ausdruckskraft wie in ihren Grafik-Zyklen und Bildern. Und ich freue mich, sagen zu können, ich bin dabei gewesen.

Ich erinnere mich an die schöne Ausstellung vom Mai 1993 in Schloss Arolsen, man sieht uns dort alle auf der grünen Wiese sitzen; wie es mir heute vorkommt, fast unbeschwerte Tage, was eigentlich gar nicht stimmt.

Und ich will doch die Worte von Rosa Luxemburg zitieren, die wir als Motto unserem Buch von Janus press »Angela Hampel – Eine Künstlerin in Dresden. 1982 bis 1992« voranstellten, es zeigt etwas vom Aufbruch jener Jahre, und mir gelten sie auch für das Werk von Angela Hampel: »Und ich lächle im Dunkeln dem Leben, wie wenn ich irgendein zauberhaftes Geheimnis wüßte, das alles Böse und Traurige Lügen straft und in lauter Helligkeit und Glück wandelt. Und dabei suche ich selbst nach einem Grund zu dieser Freude, finde nichts und muß wieder lächeln über mich selbst.«

Im Verlag war Angela Hampel von Anfang an dabei. Wir verlegten ihren alljährlichen Grafikkalender. Meist mit poetischen Texten aus den Büchern des Verlags. Wir haben sie anfangs sogar verkauft; es gab überall kleine Galerien. Die Lithographien geben Auskunft über ihr ganzes Repertoire.

Zu den sorbischen Märchen in deutscher Sprache »Der Hase im Ärmel« von Róža Domašcyna gab es ein Künstlerbuch. Ihre Bilder waren auf den Covern der Taschenbuchausgaben der Werke von Christa Wolf in den Verlagen dtv und der Sammlung Luchterhand.

Zur Ausstellung von Bildern zu Christas »Medea. Stimmen« gestaltete sie 1996 im FrauenMuseum zu Bonn ein Raum-Projekt. Christa schrieb dazu: »Sie bewahrt sich ihre politische Wachheit, ihren unbestechlichen Blick. Vor allem aber bewahrt, nein mehrt sie ihre Substanz.«

Ich eröffnete im Jahr 2000 ihre Ausstellung mit dem Motto »La belle et la bête – Die Schöne und das Tier« nach dem Signum des französischen Märchens, dem Mythos von Liebe und Tod, das Jean Cocteau weltberühmt gemacht hatte, und ich konnte zu ihren Bildern das Gedicht »Liebe: dunkler Erdteil« von Ingeborg Bachmann in Anspruch nehmen, um die Spannweite dessen auszudrücken, was mir aus Angelas Bildern entgegenkam, entgegenstürzte:

Um den Äquator sinken alle Schranken.
Der Panther steht allein im Liebesraum
Er setzt herüber aus dem Tal des Todes,
und seine Pranke schleift den Himmelssaum.

Ja, zur Bildwelt von Angela konnten einem schon solche Verse einfallen.

»Im Strich Lust und Schmerz« nannte ich meinen Text zur Eröffnung einer ihrer Ausstellungen 2003 und sagte: »Ich spüre in Angela Hampels Zeichnungen ihre ganz persönlichen Handzeichen, mit denen sie uns auf Prozesse von größerer, übers Gegenwärtige hinaus reichende Tragweite aufmerksam macht.«

Ich nehme an, solche Sätze könnten auch für diese heutige Ausstellung gelten, denn ihre »Schriftzeichen« und »Bildzeichen« sind ihre ganz persönlichen Handzeichen.

Jeder, der mit Angela gut bekannt ist, weiß, dass sie seit Jahren an einer schweren Krankheit leidet, weiß, dass sie mit aller Kraft, die sie hat, dagegen ankämpft ... Wir haben manchmal am Telefon darüber gesprochen, und ich habe sie immer dafür bewundert, wie sie gegen alle Widrigkeiten, die damit verbunden sind, immer, wenn sie auch nur die Arme bewegen kann, an die Arbeit geht. Dass Torsten nicht nur alle ihre Arbeiten in Druck bringt, sondern ihr auch in allen Lebenslagen mehr als ein treuer Begleiter ist, soll auch hier gesagt sein.

Eines ihrer unverwechselbaren Blätter, das sie mir gleich geschickt hat, trägt den Titel: »sei dennoch unverzagt«.

Angela Hampel, »Sei dennoch unverzagt«, Zinkographie.

Es ist für mich eines, das mich besonders bewegt und betrifft. Stammt die Zeile doch aus dem Gedicht Paul Flemings, das Christa als Motiv und Signum für ihr Leben betrachtete.

Auf diese Weise sind wir mit dem, was sie tut, mit ihrer Kunst für immer verbunden.

Paul Fleming

AN SICH

Sei dennoch unverzagt, gib dennoch unverloren,
Weich keinem Glücke nicht, steh höher als der Neid,
Vergnüge dich an dir, und acht es für kein Leid,
Hat sich gleich wider dich Glück, Ort und Zeit verschworen.

Was dich betrübt und labt, halt alles für erkoren,
Nimm dein Verhängnis an, laß alles unbereut.
Tu, was getan muß sein, und eh man dir's gebeut.
Was du noch hoffen kannst, das wird noch stets geboren.
Was klagt, was lobt man doch? Sein Unglück und sein Glücke
Ist ihm ein jeder selbst. Schau alle Sachen an:
Dies alles ist in dir. Laß deinen eitlen Wahn,

Und eh du förder gehst, so geh in dich zurücke.
Wer sein selbst Meister ist und sich beherrschen kann,
Dem ist die weite Welt und alles untertan.

2020

Franci – Františka – Faktorová (1926–1997) überlebte mit Mutter und Schwester Auschwitz. Redakteurin der Zeitschrift »Literární noviny« in Prag. Übersetzte von Christa Wolf die Bücher »Nachdenken über Christa T.«, »Kindheitsmuster« und die Erzählung »Kassandra«, außerdem das Buch von Ruth Klüger »weiter leben« ins Tschechische. Lebensfreundschaft mit Christa und Gerhard Wolf.

Memorial für Franci Faktorová

Ich muss eins vorausschicken – dieser Text unterscheidet sich grundsätzlich von allen anderen Reden und Ausführungen zu bestimmten Anlässen, die ich in den letzten Jahrzehnten schrieb. Dieser hier erscheint mir dringend geboten, spricht er doch von einer Lebensfreundschaft, die, wenn man will, fast zufällig entstand und dann – soll man von Schicksal sprechen – schließlich mein Dasein und das meiner gesamten Familie betraf und bestimmte. Sicher macht es mir das nicht leichter, sondern schwieriger, hier davon in angebrachter Kürze zu berichten, aber ich will es doch, so gut es eben geht, versuchen. Es bleibt ein Fragment, erscheint mir aber wichtig, es der Vergangenheit zu entreißen und vor dem Vergessenwerden zu bewahren, gerade heute; und »wann, wenn nicht jetzt«.

Ich kam im November/Dezember 1958 für vier Wochen nach Prag. Im Jahr zuvor war, mit nur 48 Jahren, der Dichter Louis Fürnberg gestorben, über dessen Gedichte ich 1956 meine Examensarbeit geschrieben hatte und mit dem ich befreundet war. Er hatte vor der Okkupation durch die Wehrmacht 1939 im Sudetenland und in Prag gelebt, war mit seiner Spieltruppe »Echo von links« über die Landesgrenzen hinaus bekannt, ja berühmt. Jetzt suchte ich in Prag nach Zeugnissen, Dokumenten und Zeitzeugen für eine Ausstellung zu Leben und Werk aus Anlass seines 50. Geburtstages.

Für mich erschloss sich dort vor Ort europäische Geschichte und Kultur, etwa mit der Ausstellung französischer Impressionisten und moderner Kunst auf dem Hradschin, wie sie in der DDR damals undenkbar war. Ich lernte Freunde Fürnbergs kennen, den Germanisten Eduard Goldstücker* und den tschechischen Dichter Lumír Čivrný, die mich zur Wohnung des Kunsthistorikers und Sammlers Vincenc Kramář mitnahmen, in der eine Reihe früher Bilder Picassos zu bewundern waren. Goldstücker, bei den Slánský-Prozessen von 1952 zu lebenslanger Haft verurteilt, war seit 1955 wieder frei und rehabilitiert. Darüber wurde aber auch von ihm nicht gesprochen, obgleich alle davon wussten. Die Konflikte der vergangenen Jahre kamen gar nicht zur Sprache.

In einem Antiquariat, das eine Freundin Fürnbergs leitete, gab es auch deutsche Literatur. Ich erstand Werke von Karl Kraus und, eine Rarität, das Buch »ecce homo« mit Zeichnungen von George Grosz aus dem Malik-Verlag – eine bisher unbekannte Welt tat sich für mich auf.

So kam ich eines Tages auch in die Redaktion der wichtigsten literarischen Zeitschrift der ČSR, »Literární noviny«. Die einzige Redakteurin, die mich deutsch begrüßte und mir freundlich entgegenkam, trug auf dem Unterarm über dem Handgelenk eintätowiert eine Zahlenreihe. Ich weiß nicht, woher ich das wusste, dass Leute, die im KZ gewesen waren, solche Tätowierungen trugen. Ich wagte auch nicht, sie darauf anzusprechen, sie sagte darüber kein Wort.

Ich erfuhr, dass ihr die wichtigsten Werke der deutschen

* Vgl. Fußnote S. 159.

Franci Faktorová in der Redaktion der Zeitschrift »Literární noviny«, Prag.

Gegenwartsliteratur bekannt waren. So hatte sie gerade in diesem Jahr Heinrich Böll in der Redaktion empfangen, wo er Eduard Goldstücker ein Interview gegeben hatte. Während die anderen in der Redaktion mich, den Unbekannten aus der DDR, kaum beachteten, interessierte sie sich für mich; ich muss ihr wohl sympathisch gewesen sein. Sie schien mir anmutig und entgegenkommend, so dass wir ins Gespräch kamen, ich von Christa und mir erzählte, wer wir waren und was wir machten.

Wir müssen dann Briefe gewechselt haben; jedenfalls besuchte sie uns 1960 in unserer Wohnung in Halle an der Saale, und damit begann, besonders zwischen den beiden Frauen, unsere Freundschaft.

Später schrieben wir für ihre Zeitschrift »Literární noviny« mehrmals »Briefe aus Berlin«, aber das war nur ein äußerer Anlass, uns näher kennenzulernen.

Im Mai 1961 waren wir beide in Prag, besuchten sie in

der Wohnung und lernten dort ihre Mutter und die Schwester kennen, wussten nun, dass sie zusammen in Theresienstadt gewesen waren und außerdem Auschwitz überlebt hatten.

Wir trafen Eduard Goldstücker, der als Germanist wieder an der Karlsuniversität unterrichtete, tauchten ins dortige Literaturleben ein, lernten den Kritiker Jiří Hájek und eine Reihe junger Autoren kennen, die in der Zeitschrift »Plamen« veröffentlicht wurden, gingen in die »Laterna magica«, diese einmalige Multimedia-Show, sahen einige Filme der Neuen Welle. Insgesamt gab es in Prag eine weltoffenere und freizügigere Literaturszene, vieles war einfach ganz anders als bei uns in der DDR.

Im Januar 1963 nahmen wir in Prag an einer Schriftstellertagung zum Problem des Realismus teil, zu der Literaturwissenschaftler aus verschiedenen sozialistischen Ländern, wie aus der Sowjetunion und Ungarn, erschienen waren. Wir stritten, teils heftig, über bestimmte ideologische Prämissen von Georg Lukács, damals dem bedeutendsten marxistischen Literaturtheoretiker. Wir mussten die Tagung vorzeitig verlassen, weil Christa in die DDR zurückgerufen wurde – man hatte sie als Kandidatin für das ZK der SED nominiert. Christa stand vor einer schwierigen Entscheidung, weil klar war, dass sie damit in ganz andere politische Bereiche versetzt würde. Im Grunde ahnte sie die Konflikte voraus, die auf sie zukommen würden.

Im Jahr 1965 überschlugen sich die Ereignisse dramatisch:

Waren wir noch im Juli 1964 beim Filmfestival in Karlovy Vary dabei, wo Konrad Wolfs Verfilmung von Christas Erzählung »Der geteilte Himmel« gezeigt wurde, konnten wir im Sommer 1965 sogar mit unserer Familie, Franci und ihrem Sohn Honza* auf der Insel Hiddensee in einer Ferienanlage der Partei Urlaub machen. Hier war es, mir unvergesslich, dass mir Franci und unsere Tochter Annette aus einer gefährlichen Situation helfen konnten. Ich, ein nicht sehr geübter Schwimmer, war trotz aufgezogenem Sturmball ins Wasser gegangen. In dem nur ein paar Meter breiten Durchgang zum offenen Meer, begrenzt von aufgetürmten großen Steinbarrieren, erfasste mich ein unwiderstehlicher Sog der Wellen, der mich schnell ziemlich weit hinaustrieb. Ich kam zwar noch einmal knapp bis an die Steinbarriere, wurde aber wieder, wasserschluckend, hinausgeschleudert. Die beiden Frauen am Strand konnten zum Glück eine Reihe junger Männer, die dort Volleyball spielten, auf meinen bedrohlichen Zustand aufmerksam machen, und die brachten mich mit vereinten Kräften an Land, wo ich ordentlich Wasser spuckte, aber gerettet war. In diesem Urlaub lernten wir Franci und Honza, der, noch sehr jung, für uns Gitarre spielte, näher kennen und beschlossen, im nächsten Sommer den Urlaub bei ihnen zu verbringen.

Ich nahm noch im November an der Tagung über die »Prager deutsche Literatur« auf Schloss Liblice teil, die unter dem Titel »Weltfreunde« wiederum von Eduard Goldstücker organisiert war – wie schon die Kafka-Konferenz von 1963, die einen »Realismus ohne Grenzen« gegen das Dogma vom sozialistischen Realismus verkündet hatte.

Ausgerechnet in diesem Jahr 1965 fand in der DDR, nach einem »kurzen Sommer«, im Dezember das 11. Plenum des Zentralkomitees der SED statt, das als »Kahlschlag«-Plenum mit dem Verbot von zwölf DEFA-Filmen endete; dort wur-

* Jan Faktor, der Sohn aus der geschiedenen Ehe mit Vojtěch Faktor.

den außerdem einige kritische Bücher als republikfeindlich und konterrevolutionär abgestempelt – und somit auch ihre Verfasser. Im Zentrum der Kritik stand u. a. der Roman »Rummelplatz« von Werner Bräunig, für den Christa sich einsetzte. Sie, die als Einzige auf diesem Plenum zu widersprechen wagte und davor warnte, dass »das freie Verhältnis zum Stoff, das wir uns [...] erworben haben, wieder verlorengeht«, wurde mehrmals durch heftige Zwischenrufe unterbrochen.

Natürlich hatte ihr Einspruch nichts bewirkt. Sie wurde danach krank und war seitdem nie mehr auf Tagungen des ZK zu sehen. Im Jahr darauf begann sie an ihrem Buch »Nachdenken über Christa T.« zu arbeiten. Ich erwähne das alles, weil gerade in dieser Zeit verschiedene Ereignisse in Gang kamen, die auf weitere drastische Veränderungen und Konflikte hinwiesen, die auch unser beider Leben bestimmten.

Mit Franci, Honza und Francis »liebem Herrn« Jaroslav Putík* trafen wir uns, wie vereinbart, im Sommer 1966 in den Nordmährischen Beskiden in einem kleinen Ort am Fluss Ostravice und besuchten mit ihnen auch die oben im Gebirge gelegene Visalaja – eine Ausflugsgegend mit einem bescheidenen Hotel mitten im Wald. Diese Gegend war von ihren Eltern und deren Freunden, deutsch-jüdischen Bürgern aus Ostrau, entdeckt und nach und nach durch den

* Jaroslav Putík (Jarda) (1923–2013), tschechischer Schriftsteller. Nach 1940 im Widerstand gegen die deutsche Besetzung. 1942 verhaftet; Zuchthaus und Konzentrationslager Dachau bis 1945. Redakteur und Chefredakteur verschiedener literarischer Zeitschriften in der ČSSR. Seine Bücher erschienen nach 1968 im Samisdat oder im Ausland. Er übersetzte aus dem Deutschen, Englischen und Französischen. 1988 Egon-Hostovský-Preis in den USA. Lebensgefährte von Franci Faktorová, mit Wolfs befreundet.

Jan Faktor, Franci Faktorová, Tinka und Gerhard Wolf in der Visalaja, Sommer 1966.

Bau von Ferienhäusern erschlossen worden. Man verbrachten auf der Visalaja nicht nur den Urlaub, sondern auch viele Wochenenden. Sogar der längt offiziell anerkannte Name der Gegend, also Visalaja, wurde von Francis Vater und seinem Freund Otto Brüll erfunden – einfach in Anlehnung an Himalaja. Franci schreibt in einem Brief: *Als Kind war mir nicht wirklich bewußt, wie sehr ich an diesen Bergen hing. Aber dann im Konzentrationslager, wir waren dort drei Jahre, meine Mutter, Schwester Lissy und ich, wenn ich an »zu Hause« gedacht habe, so hatte ich nicht Ostrau vor Augen, sondern immer nur Visalaja.*

Und hier war es auch, im Jahr 1966, dass sie, wohl auf Christas Verlangen hin, von ihrem Leben erzählte; und Christa schrieb anschließend sofort alles auf. In diesen längeren fragmentarischen Aufzeichnungen lässt Christa ihre Freundin Franci in einigen Passagen auch authentisch in der ersten Person sprechen. Aus diesem Manuskript möchte ich hier ausführlich zitieren:

»Ihr Vater war Advokat in Ostrau, er hieß Schornstein, von seinen Freunden wurde er aber schon seit seiner Jugend auch verkürzt ›Schorek‹ genannt. Er war ein passionierter Sportler, tragischerweise kam er bereits 1936 bei einer Skiabfahrt in den Beskiden ums Leben. Nach der Okkupation des Landes im Jahre 1939 zog die Familie, also die Mutter mit ihren zwei Töchtern Lissy und Franci, nach Prag, um von dort die geplante Emigration schneller vorantreiben zu können. Der Name ›Schorek‹ blieb letzten Endes erhalten. Die drei Frauen nahmen diesen Namen* nach dem Krieg auch offiziell an.

1940, Franci ging noch zur Schule, mußte aber nach der Besatzung der Tschechoslowakei durch die Deutschen die Schule verlassen. 1942 kommen Franci, ihre Mutter und [...] Lissy nach Theresienstadt [...]. In Theresienstadt war sie zwei Jahre, es war ja eigentlich ein Durchgangslager, aber da war noch Selbstverwaltung, und der Judenrat, obwohl es Kollaborateure waren, hat nicht die Familien auseinandergerissen, und so sagt sie noch, daß ihre Mutter den ständigen Hunger schwerer ertragen habe als ihre Schwester und sie. Sie selbst habe in ihrem Leben nicht wieder so viel gelesen wie in jenen Jahren, da jeder seine Lieblingsbücher mitgebracht hatte, die man untereinander austauschte. Der ›Zauberberg‹ von Thomas Mann habe ihr sehr geholfen, später in Auschwitz, wohin sie im Sommer 44 gebracht wurden.

* In tschechischer Schreibweise und weiblicher Form als »Šorková«.

Ich habe mir ganze Sätze und Passagen daraus zurechtgemacht, und beim Wiederlesen merkte ich, daß es die gar nicht gab [...]. Aber du mußt dir auch nicht vorstellen, daß wir immer Angst gehabt hatten. Der Mensch wehrt sich in solchen Zeiten durch verminderte Empfindungsfähigkeit, sonst ginge er zugrunde. Auch das Bedürfnis nach Komik war stark. Ich weiß noch, wie wir vor Lachen brüllten – in Theresienstadt hatten wir noch unsere eigenen Sachen gehabt: eine kleine alte Zahnärztin, eine Bekannte von uns, erschien plötzlich in einem Dirndl, auf das künstliche Kirschen gestickt waren [...].«

Warum sie über Theresienstadt relativ wenig erzählte, sollte sich erst später herausstellen.

Franci berichtet, wie sie nach Auschwitz kamen:

Im Frauenlager war es irgendwie erträglich. Zwar nur einmal am Tag warmes Essen und ein wenig Brot, aber auch nur zweimal eine Stunde Appell. Zur Latrine konnte man gehen, wenn man wollte, man arbeitete auch. Im zweiten Lager dann, da waren wir aber nur drei Tage, wurde es unerträglich. Ein Waschkessel voll Suppe einmal am Tag für den ganzen Raum, ohne Löffel oder ohne irgendwelche Bestecke. Einmal am Tag zur Latrine. Sechs Stunden Appell. Man wollte nicht mehr leben.

Du kennst den Namen Mengele [der Lagerarzt, bekannt durch seine barbarischen Versuche an Häftlingen, G. W.]? *Nie hat er bei der Aussortierung mit einem Häftling gesprochen. Plötzlich sprach er meine Mutter an. Wir beide waren schon durch. Lissy war damals die Kräftigste von uns, ich mußte mich auch anstrengen, beim Vorbeigehen nicht zu hinken, ich hatte doch den komplizierten Bruch am Bein gehabt. Aber dann war auch ich durch. Meine Mutter, wie gesagt, sprach er an: »Was sind Sie von Beruf?« fragte er sie. »Wäscherin«, erwiderte sie. »Erzählen Sie mir doch keine Märchen.« »In Theresienstadt habe ich zwei Jahre als Wäscherin gearbeitet, vorher war ich Hausfrau. Und übrigens, da drüben sind meine Töchter.« »Na, was suchen Sie noch hier. Gehen Sie doch.« Er sagte nicht, wohin. Die Mutter lief zu uns, und er hat sie nicht zurückgeholt.*

Die blöden Schoreks, hieß es im Lager von uns, weil wir zu vielen Kniffen, die anderen das Leben erleichterten, nicht imstande waren. Aber in wichtigen Sachen haben wir immer unverschämtes Glück gehabt. Wir kriegten alle graue Lagerkittel, die wir nach der Kleidermaskerade wunderbar fanden, keine Schlüpfer, nur ein Hemd. Vorher gingen wir in die Dusche. Wir wussten, wie man in Auschwitz umgebracht wurde. Wir sahen alle auf die Löcher in den Duscheröhren. Was wird kommen? Es kam Wasser. Ich war im ganzen ruhig gewesen. Einmal bekam ich noch einen furchtbaren Schreck, als man die Menschen alle in einer Reihe aufstellte und anfing, ihnen die Haare zu scheren. Das war eine ganz typische Reaktion. Den Tod zu begreifen und vor ihm Angst zu haben, war man nicht mehr fähig. Daß man die Haare verlieren sollte, verstand man. Als noch vielleicht tschechische Mädchen vor mir waren, kam das Signal zur Abfahrt. Wie froh bin ich mit meinen Haaren losgefahren.

Die ganze Frage war, geht es nach Osten, in ein anderes Vernichtungslager, oder nach Deutschland zur Arbeit? Meine Mutter stand an der Luke. Gegen Morgen rief sie erleichtert »Gleiwitz«! Das hieß Deutschland. Gleiwitz ist mir das liebste Wort geblieben. Wir kamen dann noch mal an einem anderen Lager vorbei, bekamen noch einen neuen Schreck, aber es ging weiter. Unser Ziel war Rosen zwischen Sorau und Sagan. Das kam uns*

* Franci Faktorová schrieb aus Versehen »Rosen«. Einen solchen Ort gab es in Ostbrandenburg/Niederschlesien nicht. Es handelte sich um Christianstadt, ein Außenlager des KZ Groß-Rosen.

vor wie ein Sanatorium. Das Lager lag im Wald: in Auschwitz hatten wir keinen grünen Halm mehr gesehen. Wir kamen, weil wir blöden Schoreks natürlich die letzten gewesen waren und den Kübel aus dem Wagen hatten tragen müssen, in ein Zimmer mit nur vier Personen. Das war ein ungeheures Glück. Die Lagerleiterin von der SS war vernünftig im Gegensatz zu den meisten anderen primitiven SS-Frauen, die einfach Sadistinnen waren. Beim ersten Appell sagte sie, wenn wir diszipliniert wären, würde es keine überflüssigen Schikanen geben. Das hielt sie auch, bis dann polnische Jüdinnen kamen, die schon sieben Jahre im Lager waren, vollständig heruntergekommen und verwildert. Sie konnten nicht begreifen, was die Disziplin hier für sie bedeuten würde, fingen an zu stehlen usw. Da wurde das Regime strenger. Ich muß sagen, ich habe die Lagerleiterin darin verstanden.

Wir arbeiteten in einer Munitionsfabrik […]. Meine Mutter sah, wie sich Pulver selbst zu entzünden drohte. Sie meldete es dem Meister. Als Belohnung bekam sie täglich einen Schlag Essen zusätzlich. Wir teilten diese Portion. Wir teilten alles, was eine von uns zusätzlich bekam, in drei Teile, und die kleine Essenmenge mehr war für uns von unerhörter Bedeutung, manchmal waren es ja sogar Pellkartoffeln […].

Geschwächt waren wir natürlich. Aber im Lager ist man entweder gesund und schwach, hält aber ungeheuer viel aus, oder man wird krank und ist verloren. Es gibt keine Widerstandskräfte. Ich nahm die Verbindung mit tschechischen Arbeitern auf, die auch in der Fabrik waren, besonders mit einem alten Mann. Über ihn ließen wir uns von zu Hause verbliebenen Freunden sogar ein paar Sachen schicken, die ich dann ins Lager schmuggelte, so daß wir am Ende sogar Socken, Pullover und solche lebenswichtigen Dinge hatten.

Dann kam die Front näher, es hieß, das Lager werde geräumt. Manche bereiteten sich ganz aufgeregt, sogar freudig erregt auf den Abmarsch vor. Meine Mutter nähte aus irgendwelchen Stofffetzen einen Sack zusammen. Ich sagte: »Ihr seid doch verrückt. Abmarsch und jetzt im Winter, das bedeutet doch den Tod.« Und so war es ja auch.

Drei Tage gingen sie, und die Front rückte immer näher. Zu essen gab es kaum etwas. Ihre Entkräftung nahm zu. Eines Nachts mußten sie auf freiem Feld bleiben. In der Nacht verlor ich die Nerven. Wenn man daliegt und spürt, wie der Schnee auf dein Gesicht fällt und nicht mehr schmilzt. Diese Nacht schien kein Ende zu haben.

Am nächsten Tag beschlossen sie, zu fliehen, da doch die Chance zum Überleben ohnehin sehr gering war. Sie waren in einem größeren Bauernhof untergebracht, ein Hof, der im Quadrat gebaut war, eine Scheune. Ihre Mutter beobachtete, daß zwischen dem Tor und dem Boden ein Zwischenraum blieb. »Da könnten wir durch«, sagte sie. Sie sah, daß ein Huhn sich bücken mußte, um durchzuschlüpfen. »Aber wir sind doch viel dünner«, sagte die Mutter. Am Abend trennte sie die gestreiften Vierecke von den Mänteln und ersetzte sie durch andere Flicken, in der Farbe der Mäntel. Als es dunkel war, krochen sie durch diese Lücke unter dem Tor hindurch. Franci war als erste draußen. Lissy blieb hängen. Die Mutter schob und Franci zog an ihr, bis sie durch war. Das alles hatte einen furchtbaren Lärm gemacht. Dann standen sie auf der Straße. Sie hörten Soldaten kommen und flohen Hals über Kopf in den Wald, bis sie keine Stimmen mehr hörten.

Da fing ich an, wie ein junger Hund umherzulaufen, immer im Zickzack, wohin ich wollte. Ich hatte das ja seit Jahren nicht mehr gekannt. Nicht mehr in der Fünferreihe gehen, nicht mehr auf Kommando losmarschieren oder stillstehen […]. Jetzt sollen sie uns umbringen, dachte ich, das haben wir wenigstens noch gehabt.

Sie gingen dann querfeldein bis zu einer Feldscheune. Dort gab es Heu. Sie verkrochen sich, froren nicht mehr und schliefen ein. Sie wurden durch Hundegebell geweckt. Vor ihnen stand ein Bauer mit seinem Hund. »Was macht ihr hier?« fragte er. Da fiel ihnen ein, daß sie sich keine Geschichte ausgedacht hatten. Ihre Schwester Lissy sagte, starr vor Verzweiflung, »wenn Sie uns anzeigen, dann bringt man uns um, und Sie haben uns auf dem Gewissen«. »Kommt mit«, sagte der Mann. Er führte sie in sein Haus, gab ihnen ein großes Stück Brot mit Butter, heißen Kaffee dazu. »Nun haut ab, aber bei mir seid ihr nie gewesen.«

In diesen Tagen haben uns die Deutschen alle gut aufgenommen. Man hörte ununterbrochen die Donner der Front. Die Flüchtlingstrecks strömten uns entgegen. Wir waren die einzigen, die auf den verstopften Straßen nach Osten gingen. Wenn ich mir heute überlege, was für auffällige Figuren wir abgaben und mit welcher Naivität wir losgezogen sind […]. Einmal übernachteten wir bei einer Bäuerin. Sie erzählte nun jedem, der sie fragte, wir seien tschechische Fremdarbeiterinnen und jetzt aus dem Lager entlassen und nach Hause geschickt worden.« Die Mädchen beschworen ihre Mutter, doch ein hartes gebrochenes Deutsch zu sprechen, aber das brachte sie nicht über sich. Sie gab alle Auskünfte in ihrem schönen gepflegten Deutsch […]. Leute ließen uns in ihren Betten schlafen – das hätte ich doch nicht gemacht mit so verwahrlosten Gestalten. […] Bei einer Bäuerin hatten sie Mohrrüben und Schweinefleisch bekommen. Natürlich schmeckte ihnen das Essen herrlich, aber sie vertrugen es nicht, sie bekamen Durchfall. Franci und Lissy verloren, als sie anfingen, normales Essen zu sich zu nehmen, literweise

Wasser. Ihre Mutter dagegen behielt das Wasser im Gewebe und schwemmte auf […]. Sie waren fast unmittelbar im Kampfgebiet, es wimmelte von Truppen. Sie erkundigten sich nach dem nächsten katholischen Pfarrer, sie hatten gehört, daß die Katholiken nicht ganz so in Übereinstimmung mit den Nazis wären. Der Priester saß in Hanau. Jetzt richteten sie alle ihre Gedanken auf Hanau, als wäre ihnen Rettung dort gewiß. Sie gingen nur noch auf Waldwegen […], dann kamen sie an eine Chaussee, die sie unbedingt überqueren mußten. Zu ihrem Entsetzen sahen sie, daß nicht nur viele Wehrmachtstransporte auf ihr verkehrten, sondern auch noch alle hundert Meter ein Posten stand. Franci sagte: »Ich gehe keinen Schritt weiter, das ist Selbstmord.« […] Schließlich gingen sie in der Mitte zwischen zwei Posten über die Straße. Als sie fast hinüber waren, fuhr ein Wagen mit der Aufschrift »Standgericht« an ihnen vorbei […]. Niemand hielt sie an. Auf dem Feldweg, der nach Hanau führte, hörten sie zu ihrer unaussprechlichen Freude tschechische Laute. Eine Gruppe junger Tschechen, ehemalige Fremdarbeiter, kamen an ihnen vorbei. Franci sprach sie an. »Wir kommen auch aus der Tschechoslowakei und waren im Lager.« […] Sie gingen ohne ein Wort an ihnen vorbei. »Das war ein schmerzhafter Schlag für mich. Die Deutschen hatten uns aufgenommen, und die Tschechen beachteten uns nicht, aus Angst. Dabei wollten wir gar keine Hilfe, nur mit ihnen sprechen.« […]*

Beim Pfarrer Bernhard Hein in Hanau öffnete ihnen eine katholische Schwester sehr freundlich, der Pfarrer sei nicht da, aber sie sollten warten. Sie bekamen zu essen. Als der Pfarrer kam, erzählten sie ihm alles. Ob er sie, bis die sowjetischen Truppen hier

* Franci Faktorová schrieb irrtümlich »Hanau«; es handelte sich um Halbau.

seien, verstecken könne. Aber ja, sagte er sofort, in der Waschküche. Sie müßten nur vorsichtig sein, weil deutsche Einquartierung im Hause sei.

Eine Woche lang blieben sie in der Waschküche [...].

Als die sowjetischen Truppen einrückten [...], hatten sie in einem sowjetischen Major, einem Dolmetscher des Stabes, einen Beschützer gefunden. Als die Fronttruppen weitergingen und der Troß kam, meldeten sie sich zur Arbeit [...].

Ein anderes Kapitel waren die Offiziersfrauen, fürchterlich kleinbürgerliche Ziegen, die uns das Leben schwer machten, uns verdächtigten, wenn wir mit den einfachen Soldaten spazieren gingen, was sie gar nicht verstehen konnten. Da setzte es sogar Ohrfeigen. Und dann die Unterschiede zwischen den Soldaten und ihren Offizieren [...]. Jedenfalls zogen wir es vor, als unser Major uns anbot, als Dolmetscher mit ihm nach Berlin zu gehen, den ersten Transport abzuwarten, der gerade in die Tschechoslowakei zusammengestellt wurde. Wir fuhren Anfang Mai nach Prag zurück.

Nein, ich bedaure nicht, dass wir im Lager waren. Nun, da wir es überlebten, bin ich froh, drin gewesen zu sein. Manchmal habe ich darüber nachgedacht: Wenn wir wie die Brülls nach Amerika gegangen wären, was für ein dummes, kleines Leben wäre das gewesen.

Dass wir Franci immer vor diesem Hintergrund sahen und uns ihre Lebendigkeit, ihr Humor, ihre mutige Daseinsweise tief beeindruckten, mit der sie uns vorurteilsfrei entgegenkam, war sicher Voraussetzung für unsere Freundschaft.

Über sie wurden wir vertraut mit den Hoffnungen, die auch wir an die Möglichkeiten zu einem besseren Sozialismus knüpften, wie er in ihrem Land während des Prager Frühlings von 1968 mit dem Slogan »Sozialismus mit menschlichem Antlitz« anzubrechen schien.

Ich weiß noch, wie wir mit Franci und Jarda – ihrem Freund –, die im Juli 68 in unserem Sommerhaus in Prieros am Flüsschen Dahme Urlaub machten, zusammensaßen. Eben war das aufrührerische »Manifest der 2000 Worte« in Prag erschienen, und wir wollten sie warnen, doch ja nichts zu überziehen, weil sonst die Sowjetunion mit den Warschauer-Pakt-Truppen einmarschieren könnte, worüber sie noch lachten. Was dann aber kurz danach, im August 68, tatsächlich mit brutaler Gewalt geschah.

Dass Franci, in deren Zeitschrift dieses Manifest veröffentlicht wurde, schwierige Zeiten bevorstanden, war uns klar. Auch Annette, die noch im Juni begeistert von einem Besuch in Prag zurückgekehrt war, geriet in der Schule in Schwierigkeiten, weil sie an einer offiziell nicht genehmigten Schülerwandzeitung beteiligt war, die inhaltlich zu der aktuellen Diskussion über die neue Verfassung der DDR beitragen wollte und sich außerdem auch auf den Prager Frühling bezog. Natürlich war dies in dem Moment eine Art »konterrevolutionäres« Vergehen. Abiturienten sollten relegiert werden. Aber wir konnten in einem heftigen Widerspruch erreichen, dass nicht sie bestraft wurden, sondern der dogmatische Schulleiter gehen musste. Annette konnte sich nur mühsam behaupten, aber ohne ein Abitur im nächsten Schuljahr wäre ein Studium unmöglich gewesen.

Ich glaube noch heute, eine Erneuerung des Sozialismus hätte, wenn überhaupt, nur mit den grundsätzlichen Reformen, wie sie damals in Prag angestrebt wurden, stattfinden können.

Franci verbrachte im Herbst 1968 mehrere Wochen in der

Bundesrepublik – zusammen mit Honza – und überlegte ernsthaft, zu emigrieren. Die Situation im Lande schien dann aber nicht wirklich bedrohlich zu sein, und die beiden kehrten zurück. Und weil sich ihre Zeitschrift unter dem symbolisch zurechtgestutzten Namen »Listy« (Blätter) wieder konstituierte, konnte sie weiter journalistisch arbeiten, allerdings nur bis zum endgültigen Verbot von »Listy« im Mai 1969. Danach fand Franci eine lebensnotwendige Stellung in einem kleinen Institut für Meinungsforschung. Honza, um der familiären Umklammerung zu entgehen, hatte sich in dieser Zeit für fast zwei Jahre auf eine Berghütte in der Hohen Tatra zurückgezogen, wo er die Lasten über die Steilhänge hinaufschleppte.

Ich glaube, dass Franci, die uns fast alljährlich besuchte, in unserer Familie auch eine Art Ruhepunkt fand, hier, wo man sie schätzte und wo man ihr mit Achtung begegnete und sie sich freundschaftlich aussprechen konnte.

Christa hatte immer den Plan, über Franci zu schreiben. Und unter dem Titel »Visalaja« schrieb sie an einem Text, der Tagebuchseiten und Stellen aus ihrer beider Briefwechsel enthielt und der leider – vermutlich weil ihr alles zu nah stand und nie eine Form fand, die ihr angemessen erschien – Fragment geblieben ist. Aber ich kann hier authentisch daraus zitieren.

Nach 1968 waren wir zunächst auf Telefonate und Briefe angewiesen – wobei man schon ahnte, dass die Briefe vermutlich von der Behörde mitgelesen wurden. Franci schreibt 1971: *Daß ich meine teilweise Invalidisierung (9000 Kronen) im vorigen Jahr bekommen habe, liegt vor allem an der Röntgenaufnahme, die man vor zehn Jahren von meinem Becken und meinen Beinen gemacht hat, da war ja alles zerschmettert, mehr-*

mals gebrochen, man sieht es noch. Der Arzt, der mir damals den Röntgenbefund gemacht hat, hat mich beinahe geküßt, weil ich der lebende Beweis bin für die These, daß man nach schweren Frakturen nicht lang liegen soll, sondern gehen […]. Und dann natürlich wegen der psychischen Folgen des KZ-Syndroms. Diese schrecklichen Alpträume. Das wurde 68 so arg, all die Angst wurde wieder aktiviert.

Im Juni 1972 konnten wir Franci wieder in Prag besuchen. Christa schreibt dazu:

»Erste Erzählung. Honza hat sein Bäckereifahren schon wieder aufgegeben […]. Er schläft immer noch mit der Oma in einem Zimmer […]. Er schreibt. Franci zeigt uns die Geschichte ›3000 Brötchen‹, die sie übersetzt hat und die Talent verrät […].

Zur Hütte bei Unhošt' also mit Franci [sie hatte sich unweit von Prag eine kleine Holzhütte gekauft, an einem Waldhang über einem Talsperrensee, G. W.]. Franci in ihrem Häuschen einfach glücklich (es erinnert sie wohl an Visalaja) […]. Ein schöner Erker, ein Zimmer mit drei Betten, eine kleine Küche, winziger Flur, noch ein Zimmer […], alles außen von Grün überwuchert […]. Sie schildert ihre jahrelangen Aufräumarbeiten im Kampf gegen Abfall und Unkraut […]. Auf der Hütte merken wir, daß wir die ›Ferwerin‹* vergessen haben, von denen schon immer die Rede ist, ohne daß uns verraten wird, was es sein soll. Am nächsten Tag bringt die Oma sie mit. Es sind Nudeln aus geriebenem Teig, irgendwie dick mit Brühe gekocht und darin Bratenfleischstückchen, sehr gut […]. Bei der Hütte gibt es einen Nach-

* Gemeint sind Ferwerln/Farfeln, Christa Wolf gibt das gehörte Wort phonetisch wieder.

barn, ein ehemaliger Kumpel aus Kladno mit seiner Frau, die fast das ganze Jahr hier sind [...]. Die Frau bringt uns frische, noch warme, duftende Buchteln [...]. In den ersten beiden Tagen hält sich das Wetter [...], dann gibt es starke Regengüsse, die auf das Dach trommeln. Im Gebüsch auf dem Weg zum Klo, ein Neubau, nistet eine Waldnachtigall oder Grasmücke, irgend etwas in dieser Art, und wird vom Erker-Fenster aus sorgfältig beobachtet. Diesen Vogel liebt Franci heiß, weil er so schön singt [...]. Nach Wasser muß man fast zehn Minuten laufen, auf der anderen Seite der Talsperre kommt eine gefaßte Quelle aus dem Berg, die sehr dünn läuft, bis der Eimer voll ist. Franci hat da einen Kübel hingehängt mit der Aufschrift: Ich diene allen. Der wurde ihr inzwischen zweimal gestohlen. Die allgemeine Moral ist arg im Sinken begriffen, sagt sie. Gearbeitet wird nur das Nötigste [...].

68 war das einzige Jahr, wo nichts gestohlen wurde. Jetzt stiehlt man angeblich alles, was nicht niet- und nagelfest ist. Die Sowjets sollen einen Kredit gegeben haben, in Dollars, das werde jetzt aufgegessen – die Versorgung mit Lebensmitteln in Prag ist gut [...].

Franci erzählt mir, daß sie zum 1. September gekündigt ist [...]. Man hat die Arbeitsgruppe aufgelöst [...]. Auf alle Fälle wird sie kurz vor Ablauf der Frist klagen, weil man versäumt hat, eine Genehmigung für ihre Entlassung einzuholen (sie ist VVN*-Invalide). Außerdem hofft sie, noch drei Monate länger bezahlt zu werden [...].

Jarda (ihr Freund, der ›liebe Herr‹) steht nicht auf der

* VVN: »Vereinigung der Verfolgten des Naziregimes«. – Hier ist der entsprechende tschechoslowakische Verband SPB (»Svaz protifašistických bojovníků«) gemeint.

Liste der Personen, die in Verlagen [nicht] beschäftigt werden oder gar etwas Eigenes drucken lassen dürfen. Bis Ende nächsten Jahres ist er angeblich finanziell gesichert durch eine Übersetzung [...]. Von bekannten Schriftstellern veröffentlicht niemand. Brecht kann zur Zeit nicht erscheinen oder gespielt werden, weil Ludvík Kundera, sein autorisierter Übersetzer, absolutes Berufsverbot hat [...]. Die Hütte ist für sie und Jarda im rechten Augenblick gekommen als Zuflucht. Sie bereut es nicht, 68 im Land geblieben zu sein [...]. Spricht über die Nachwirkungen des KZ-Druckes, die sich merkwürdigerweise bei ihr stärker als bei ihrer Mutter und Lissy bemerkbar machen. Ihre Angstträume, die schlimmer sind als die Szenen, die sie wirklich erlebt hat [...]. Nach dem Radepur, das ihr die Psychiaterin gegeben hat, träumt sie jetzt seltener [...]. Wenn sie mit Jarda durch den Wald geht, das Licht rötlich auf den Stamm eines Baumes fällt, ist sie plötzlich ganz da, hat sie einen starken Kontakt mit ihrer Kindheit [...]. Jarda, daß sie ohne ihn nicht leben könne, wisse sie ganz genau seit 68 [...]. Sie wisse nicht, ob er mit seiner Frau lebe, aber ihr sei das Wichtigste, daß sie wisse, er liebe sie, es sei ein großes Glück, daß sie ihn getroffen habe. ›Ein guter Mann‹ [...].

Franci erzählt von der Ehe ihrer Schwester. Ihr Mann sei in der Partei geblieben und hat immer recht. Sie, die Schwester, besuche abends reihum die Freunde, die er fallen gelassen habe [...]. Über Honza und Annette, die in sehr jugendlichem Alter erste Küsse getauscht haben [...]. Abends singen wir unsere Lieder, die wir können, auch ›Spaniens Himmel‹, auch ›Marie A.‹ von Brecht [...].

Wieder in Prag im alten Lokal mit den Odeon-Verlags-Leuten. Offene Sprache. Die gleichen Aussagen, die wir schon kennen. Dies sind die Leute, die noch im Amt sind, aber nicht in der Partei. Sie versuchen zu tun, was sie können. Feuchtwanger sei ein Autor für schlechte Zeiten. Die SU können sie nicht immer als Beispiel herannehmen, dort habe man ein reiferes Publikum, und man hätte nicht vor Jahren eine Konterrevolution gehabt [...]. Franci sagte noch, sie habe nach 68 nicht Musik hören können, weil Musik sie immer dazu gezwungen hat, ›zu Ende zu denken‹. Jetzt, erstmals, habe sie mit Honza eine neue Beethoven-Platte anhören können. Das sei ein Zeichen dafür, daß sie gesunde [...]. Sie identifiziere sich mit dem Satz: Einmal im Leben, zur rechten Zeit, muß man an das Unmögliche geglaubt haben [...].«

Schon im Dezember 1972 kann uns Franci in unserem schönen Haus in der Fontanestraße in Kleinmachnow besuchen. Tochter Tinka holt sie am Bahnhof Schönefeld ab, wo sie mit dem Vindobona aus Prag ankommt. Sie trägt ihren neuen Gabardinemantel mit eingeknöpftem Pelzfutter, schöne italienische Stiefel, die in Prag 500 Kronen gekostet haben, ein elegantes graues Reisekleid.

Christa schreibt:

»Am Abend Vaters Leberknödelsuppe. Sie ißt wie ein Spatz wegen der Galle. Im Laufe der Tage bringen wir ihr bei, Eier, Kapernwurst und andere unverfängliche Sachen zu essen, auch Putenbraten am zweiten Tag. Sie schildert mit ihrem üblichen Lächeln die Gallenkolik im Frühjahr, die ›nicht schön‹ gewesen sei, ›aber einen Trost hatte ich: Richtige Zahnschmerzen sind schlimmer.‹

Sie klagt über das rapide Schlechterwerden ihrer Augen. Mit Brille, wenn sie liest, sieht sie von der Seite jetzt schon alt aus. Sonst immer noch ihr mädchenhaftes Wesen, ›infantil‹ sagt sie selber und ist sich halb und halb der Schutzfunktion dieses Benehmens bewußt. Sie braucht sie anscheinend immer mehr. Im Spätsommer und Herbst hatte sie eine starke Depression wegen der Hoffnungslosigkeit der allgemeinen Lage. Endlich glaubt sie, alles zu sehen, wie es wirklich ist, und nicht unter Illusionen, wie sonst. (Auch ich sprach von einem Zeitraum, der ein, zwei Generationen umfassen könne, was sie bestätigte.) Plötzlich kam es ihr unverantwortlich vor, einen jungen Menschen wie Honza an diese Hoffnungslosigkeit zu binden. Er ist wieder in Prag, ihr großes Glück. Eine Last ist ihr von den Schultern genommen. Sie ist auf Honza fixiert, teilweise in unkluger Weise. Hat ihm nun seine Zukunft freigestellt, in weitgehender Hinsicht. Davon, wie er sich entscheiden wird, macht sie auch ihre Zukunft abhängig: Ich habe mein Leben gelebt, wir haben doch wenigstens geglaubt, etwas Gutes zu tun, jetzt ist schon alles vorbei. – Sie ist müde. Zwar kann sie sich nicht vorstellen, ohne Jarda und ohne ihre Freunde zu leben – deshalb sei sie ja damals geblieben. Aber nun werde sie bald 50, dann sei eine Frau nicht mehr jung, sie sei mit Jarda zusammen, seit sie 32 ist. Sie wolle auch nicht miterleben, wie diese Beziehung langsam abflaue. Es sei doch so sehr selten, daß sich zwei Menschen fänden, die zueinander paßten und sich gegenseitig helfen könnten, ohne viel darüber zu reden. (Daß die Frau sich dem Mann anpassen müsse, ist ihr ja ganz selbstverständlich, überhaupt unterwirft sie sich da, begehrt nicht auf, ist auch immer entzückt von ihren lieben gescheiten Chefs, auch dem jetzigen, der ihr in dem demographischen Institut eine Arbeit gibt, ohne sie anzustellen, ohne auf der Ausfüllung eines Fragebogens zu bestehen, sie, wenn sie da ist, in seinem Vorzimmer sitzen läßt. Allerdings weiß sie, daß heute manche Etablierte in der ČSSR – wie früher mancher Nazi – ihren ›Renommierjuden‹ durchbringen, um sich später reinwaschen zu können [...]. Sie rechnet es dem Institut hoch an, daß man ihr im Sommer einen billigen Ferienplatz in der Tatra gegeben hat, in der Nähe von Honzas Hütte, von wo aus sie mit ihm ›aufstieg‹. Anschaulich beschreibt sie ihre schrecklichen Gefühle, als sie ihn die Last von 50 kg schleppen sah.)

Sie spricht darüber nur entweder in der Küche, beim Spazierengehen, im Café oder im Auto, nicht aber in unserem Wohnzimmer: ›Seid ihr denn sicher, daß man dort reden kann? Ich zeige in letzter Zeit nämlich Symptome von Verfolgungswahn.‹«

Dass sie mit ihrem Argwohn nur allzu recht hatte, konnten wir erst später in unseren Akten lesen. Wir wurden seit 1968 von der Staatssicherheit als »Operativer Vorgang« unter dem Decknamen »Doppelzüngler« erfasst, und nicht nur unser Telefon – was wir vermuteten –, sondern auch im Wohnzimmer wurden wir abgehört.

»Ihre Maxime war es ja immer: Sich den inneren Kreis der menschlichen Beziehungen nicht zerstören zu lassen. Nie hatte sie sich vorstellen können, daß sie aus Vorsichtsgründen da auf etwas verzichten würde [...].

Ihre Beschwerden beim Gehen haben zugenommen, sie bekommt ja weiterhin ›halbe Rente‹, und jeder, der die Röntgenaufnahmen von ihren Füßen kennt, fragt sie erschrocken, ob sie nicht die ganze Rente wolle. Man gewöhne sich ja daran, daß man nicht schmerzfrei gehe, aber früher konnte sie das ignorieren und trotzdem größere Touren machen, heute gehe sie nur noch 4 km. Auch die Schmerzen in den Armgelenken ›ignoriere‹ sie einfach. Alle halbe Jahre gehe sie zu der Psychiaterin.

Die Frage: Lebst du *jetzt*? Muß sie sich mit Nein beantworten. Sie lebt auf Hoffnung, von der sie weiß, daß sie sich nicht erfüllen kann. Versucht zu lernen, in den kleinen Freuden des Alltags zu leben. Vielleicht seien wir blöd gewesen, uns so an eine Zukunftsvision zu hängen [...]. Als ich sage, wir könnten eigentlich niemanden dafür verantwortlich machen, daß wir so gläubig gewesen seien, meint sie, doch: die ältere Generation, die alles gewußt habe und daraus keine Konsequenzen habe ziehen können – was ja wirklich ein Rätsel bleibt [...].

Wir sprechen über Naivität, ich zeige ihr dann meinen Aufsatz*, der ihr gefällt. Was man bei euch jetzt alles schreiben kann! Richtig offen über etwas nachdenken [...]. Das macht mich richtig traurig, weil ich sehe, daß es bei uns nur Stagnation und überhaupt keine Kommunikation mehr gibt.

Sie ist jetzt auch auf der Liste derer, die für keinen Verlag arbeiten dürfen. Die Listen werden fortlaufend ergänzt. (Honzas kleine Arbeiten sind als ›abseitig‹ zurückgewiesen worden.) Man hat den Bibliothekaren Listen diktiert derjenigen Bücher lebender und toter Autoren, die aus den Bibliotheken herauszunehmen sind: darunter alle jüdisch-tschechischen Schriftsteller des vorigen Jahrhunderts. Kafka sowieso, mit dem ganzen Werk.

Für Jana [Annettes Tochter] hat sie eine Geige mitgebracht, ›zum Zertrampeln‹. Sie nahm sie auf den Arm und sang ihr ein tschechisches Lied. – Daß Franci zu allen Leuten nett ist und alle sie lieben müssen, ist auch eine Bitte um Schonung. Auf der Rückfahrt ließ sie der bulgarische Schaffner in sein Dienstabteil.«

* Christa Wolf, »Über Sinn und Unsinn von Naivität«.

1974 besucht uns Franci zum letzten Mal in unserem Haus in Kleinmachnow. Wir hatten den geerbten Bungalow in Prieros aufgegeben und, auf der Suche nach einem Sommersitz, ein altes Büdnerhaus mit Rohrdach und Garten mit alten Apfelbäumen in Neu Meteln, einem Dörfchen in Mecklenburg zwischen Schwerin und Wismar, gefunden, das wir in den kommenden Jahren bewohnbar machten. Jetzt waren wir viel in Kontakt mit den bäuerlichen Nachbarn und den Handwerkern, die bei uns als Feierabend-Brigade arbeiteten. Von dem abgelegenen Kleinmachnow wollten wir nach Berlin umziehen. Ich schreibe das, weil auch Franci inzwischen wie zur Familie gehörte …

Christa notierte zu ihrem Besuch im August 74:

»Sie lebte fast sechs Jahre in Friedhofsstille, ist aber diesmal in besserer Verfassung als das letzte Jahr, wo sie an Emigration gedacht hatte. Es beunruhigt und beschäftigt sie sehr, was sie von mir über Annette und Honza erfährt und halb und halb selbst geahnt hatte, sie nimmt es ernster noch als ich, aus Sorge um Honza, überlegt, wann die beiden sich früher hätten begegnen können, glaubt zu sehen, daß die Jahre zwischen 68 und 70 für sie entscheidend hätten sein können, in denen sie sich eben nicht getroffen haben. Wir bereden das an dem sehr heißen Abend, an dem sie angekommen ist, während wir auf der Terrasse sitzen und Campari trinken. An das Pappelgespräch werde ich denken, sagt sie am Ende. Sie sah eine Sternschnuppe, Tinka, die dazugekommen war, wie immer zwei, ich wie immer keine.

Am letzten Abend kam es nach ihrer Lektüre von Jean Amérys Essay der Geist in Auschwitz zu einem Gespräch. Sie habe, sagte sie, Auschwitz anders erlebt, obwohl sie doch sogar in A. selber – in Groß-Rosen – gewesen sei und Améry

›nur‹ in dem Nebenlager Monowitz, wo es sicherlich nicht schlimmer gewesen sein könne. Der Zusammenbruch ihrer Welt hatte – nicht eigentlich durch die Konfrontation mit der SS-Logik wie bei A. – anders stattgefunden, schon in Theresienstadt, als der Hunger begann und ihre Freunde und die Freunde ihrer Familie aus Ostrava sich so schrecklich verwandelten. Daher habe sie auch nach dem Krieg eigentlich nicht studieren wollen, keinen intellektuellen Beruf ergreifen. Intellektuelle, Gebildete, waren ihr suspekt geworden. Sie selbst, noch ein Mädchen und keine Intellektuelle, habe allerdings einen anderen Ausweg gehabt, und sie wundere sich, daß Améry den nicht gekannt habe: sich selbst nicht so wichtig nehmen. Ihr sei, sagt sie, zweierlei (mindestens) aus dieser Zeit geblieben: erstens etwas Positives, nämlich, daß sie sich nicht so wichtig nehmen könne, zweitens etwas Negatives: das ganze Leben als Provisorium leben. Manchmal, seit 68, beneidet sie ältere Leute, die sterben. Ihr starkes Engagement – politisch – sei eigentlich gegen ihre mehr introvertierte Natur gegangen. Jarda habe ihr das neulich mal erklärt, sie sei sehr froh darüber, daß er es formuliert habe. Nun sei es sehr schwer – daran gewöhnt, den Lebenssinn außerhalb seiner selbst, in der Gesellschaft, zu finden – in ihrem Alter noch umzulernen. Sie spricht viel über die ›direkten Lebensfreuden‹, auf die sie versuchen müsse, sich zu konzentrieren: Natur, Landschaftsschönheit (der Blick aus dem Auto über Prag, als sie von der Hochzeit ihrer Nichte kamen, und als sie sich plötzlich fragte: Was wäre, wenn ich bald sterben müßte? – Eigentlich schade, war ihre innere Antwort: Das wäre heilsam für sie, sie müsse es festzuhalten suchen. Gerade war sie nämlich in Panik geraten, als eine langwierige Grippe nicht zu Ende gehen wollte und sie plötzlich heiser wurde. Ob nicht ihre alte Tbc aktiv geworden sein und sich auf den Kehlkopf gelegt haben könnte. Da rannte sie zu verschiedenen Ärzten und verschaffte sich die tröstliche Gewißheit, daß es eine harmlose Erkältung war.).

Häufig spricht sie über Jardas viel direkteren Lebensbezug, den sie mit dem von G. vergleicht: Sie brauchen keine ›Gründe‹, um am Leben zu bleiben und sich dessen zu freuen. Als sie im Spätherbst sagt, wie sehr sie sich das Frühjahr herbeiwünsche, sagt Jarda ganz verwundert: ›Das würde mir nie einfallen.‹

Sie sagt, ihre zwei Stützen seien Jarda und Honza, wenn eine von ihnen einbräche, müßte sie wirklich Angst um sich haben. (Beschreibung jener Szene kurz vor ihrer Reise hierher, als sie sich mit ihm und anderen Bekannten in der Stadt auf mysteriöse Weise verfehlte und wie gehetzt in der Hitze ihn suchen lief, keinen anderen Gedanken im Kopf, als daß er verhaftet sein müsse. Wie sie noch eine halbe Stunde danach nicht habe reden können: So dünn sind meine Nerven.)

Die Heirat mit ihrem Mann, Honzas Vater, damals sei aus einer Krise gekommen, als sie aus England zurückkam, ein nach 48 verändertes Land vorfand, beginnende Dogmatisierung, sie selbst Parteimitglied (was sie nie hatte sein wollen, aber Engels' Schrift ›Sozialismus von der Utopie zur Wissenschaft‹ hatte ihr in der schweren Zeit nach dem Lager das Leben ermöglicht, Bekannte hatten ihr gesagt, sie solle dann auch in die Partei eintreten, es sei schon keine Privatsache mehr, daß man nach seinen Überzeugungen auch handle), von Gewissensbissen geplagt, daß sie als Kleinbürgerin einfach nicht alles verstünde. Dann kam Vojtěch, ein Arbeitersohn, geradlinig, und gab ihr die nötige Sicherheit. – Ein ganzes Jahr hab ich gebraucht zu verstehen, daß er ein

Lügner und Betrüger war, aus Gewohnheit, weißt du, krankhaft. – Beschreibt ihre Scheidung, die so lustig war, Vojtěch hatte sich verspätet, setzte sich dann neben sie, wo er doch als Prozeßgegner gar nicht sitzen durfte, sie lächelten sich andauernd an, der Richter sagte nachher zu einem Bekannten, eine solche Scheidung habe er überhaupt noch nicht erlebt.«

Im März 1975 fährt Christa für eine Woche nach Prag, um einmal ganz in die jüdische Familie von Franci »einzutauchen«. Sie erzählt davon, dass sie im Bett von Lissys Mann schläft, der gerade zu einer Kur ist, so dass in der engen Wohnung ein Platz frei ist, in der die Mutter Bába* mit ihren Töchtern Lissy und Franci zusammen mit den Enkelkindern, den Töchtern Lissys und dem Sohn Honza von Franci, lebt – und wie man das miteinander aushält, vergleicht diese Lebensverhältnisse mit den ambitiösen Wohnungsverhältnissen bei uns ... In Francis Zimmer alte Möbel, abgewetzte Sessel, kaum neue Bücher, trübe Lampen, aber früh, wenn die Sonne scheint, ist es trotzdem gut ...

Bába ist achtzig, und es kränkt sie sehr, dass sie im Leben viel Geduld haben musste, auch mit ihrem Mann. Sie zeigt mir sein Bild, ein Mann mit einem länglichen Gesicht, ein Schmiss neben dem rechten Mundwinkel, wie ein Deutscher eben. Mit ihm sei sie achtzehn Jahre ihres Lebens glücklich gewesen, das habe ihr geholfen, alles Spätere zu überstehen. Sie sei froh gewesen, dass ihr Mann tot war, er verunglückte 1936, das Lager hätte er nicht überlebt ... Sie überweist 500

* Anna Šarková, geb. Spitzer. – »Bába« bedeutet im Tschechischen nicht sehr schmeichelhaft einfach Großmutter, allerdings werden Großmütter normalerweise in der Diminutivform »babička« angesprochen.

Kronen von ihrer Pension an die drei Enkelkinder. Honza überreicht sie mit feierlicher Geste ein Buch, das ihr wertvoll ist und ihr im Leben über viele schlimme Stunden hinweggeholfen hat: Strindbergs »Historische Miniaturen«. Besonders gefällt ihr das Kapitel, in dem das Auftreten des Messias verkündet wird. Nach der Rettung durch den katholischen Priester neigt sie zu dieser Religion.

Früher scheint die Familie nicht religiös jüdisch gewesen zu sein. Sie streiten sich darüber, ob der Vater einen Gebetsriemen getragen habe oder nicht …

In Ostrau gingen die Mädchen zur Schule, zu Hause wurde Deutsch gesprochen. Aber es gab eine tschechische Köchin. In der Schule steigerte sich der Anteil des Tschechischen von Klasse zu Klasse. Bába habe trotz Bemühung niemals richtig Tschechisch gelernt … Lissy war in der Familie immer das brave Mädchen, Franci das wilde Kind … Als die Mutter 1939 mit den Kindern nach Prag zog, waren die Deutschen schon da. Franci habe sich in Prag nie heimisch gefühlt, denn es gab schon überall die Schilder »Für Juden verboten«; dann kam der gelbe Stern. Sie habe nach dem Krieg Jahre gebraucht, um zu entdecken, dass Prag schön ist …

Francis Arbeit: Ihr Vertrag als Externe kann nicht verlängert werden … Inzwischen hat sie Vollpension beantragt, von zwei Ärzten unterstützt … Die Halsärztin hat erreicht, dass sie wegen ihrer Bronchitis jetzt Filterzigaretten raucht, nur noch 14 halbe pro Tag, weniger wäre Selbstquälerei …

Niemand hofft auf Veränderungen. Allmählich Desintegration …

Als mir Christa dies alles in Stichworten berichtet und wir unser Leben mit dem Francis vergleichen, erzählt sie auch, dass sie Franci vorgeschlagen habe, ob sie sich nicht vorstellen könne, doch eine längere Zeit bei uns zu verbringen. Aber sie meinte, nein, ist alles schon bestens …

Es war damals noch nicht vorauszusehen, welche Schwierigkeiten uns das nächste Jahr bringen würde, das zunächst ganz hoffnungsvoll begann. Wir zogen im Februar 76, nach langen Bemühungen um einen Wohnungstausch, nach Berlin in die Friedrichstraße 133, also mitten ins Zentrum – in die Nähe vom Berliner Ensemble am Schiffbauerdamm und dem Deutschen Theater –, wo wir in einem schönen Altbau (natürlich nach viel Renovierungsarbeit) unterkamen. Für die Zukunft dachten wir an einen literarischen Jour fixe. Auf der Straßenseite gegenüber von uns ein riesiger Parkplatz, links von ihm Hotel und Restaurant »Johannishof«.

Während in der Wohnung noch gezimmert wurde, waren wir im Frühjahr in das Bauernhaus in Neu Meteln gezogen, das gerade so weit war, um auch Besuch zu empfangen; ziemlich als Erste kam Franci mit ihrem Gefährten Jarda.

Christa schreibt im Tagebuch vom 20. August bis zum 1. September:

»Francis Mutter war 14 Tage vorher gestorben, sie hatte immer nur 5 Stunden schlafen können, war erschöpft, als sie ankam, konnte dann aber bald gut schlafen, sogar oft ohne Radepur, da dieses Medikament, auf die Dauer genommen, angeblich Gehirnabbau zur Folge haben könne. Sie genoß die Ostsee, den Rügensee, unseren Ausflug nach Schönberg, Rehna, Gadebusch, ging mit Jarda spazieren, fuhr Rad.

Man beobachtet an ihnen Folgen der Isolierung. Sie lesen keine sowjetischen Bücher mehr, sind bei uns erstaunt über Bulgakow, Trifonow […], Aitmatow […]. Sie denken in unhistorischen Kategorien von Demokratie und Nichtdemokratie, [...] sie hoffen immer noch auf mögliche Anstöße aus den westlichen Demokratien [...].

Wir sprachen über manches nur andeutungsweise.

Sie träumte in der Zeit hier viel von ihrer Mutter. Einmal sagte sie, daß sie sich jetzt vorwerfen müsse, nicht richtig zärtlich zu ihr gewesen zu sein, da wohl ein unterdrückter, nicht bewußter Vorwurf gegen sie in ihr gewesen sei – auf den die Psychiaterin sie gebracht habe durch eine Frage: ob die Eltern eines von den Kindern vorgezogen hätten, worauf sie überzeugt und spontan mit Nein geantwortet hatte – der Vorwurf, in einer bestimmten Zeit nicht genug mütterliche Zuwendung empfangen zu haben. Heute erklärt sie es sich so, daß die Mutter, da ihr Mann die andere Frau hatte, alle ihre Kräfte habe anspannen müssen, um ihren Kopf über Wasser zu halten, und sich nicht so sehr den Kindern habe zuwenden können.

Ihr Zusammenleben mit Jarda geht ins 19. Jahr. Erst gestern, als wir zusammen das Rad nach Alt Meteln schoben, dann im Bus nach Schwerin saßen, kamen wir darauf zu sprechen: Immer noch gebe es in ihrem Gemütsdschungel, sagte ich ihr, eine Pflanze, die sie noch nicht hervorgeholt habe. Sie akzeptierte ihn völlig so, wie er ist: mit seinen ›barbarischen‹ Zügen (›er könnte jemanden umbringen, gibt das auch zu‹), mit seinem starken Bedürfnis nach innerer Freiheit: daß er niemals ausgefragt werden darf, daß niemals eine abfällige Bemerkung über seine Frau fallen darf.

Seine erste Liebeserklärung sei – sie ließ mich raten – erst 3 Jahre nach ihrem ersten Zusammensein erfolgt, überhaupt sei er liebevoll und zärtlich erst ganz allmählich geworden zu ihr, einmal habe er ihr allerdings aus tiefstem Herzen gesagt: Ich brauche dich! Und das habe ihr für lange genügt.

Sie habe auch in diesen Jahren zwei Freunde gehabt, einen jüngeren in der Redaktion, mit dem sie über alles habe sprechen können, und Eduard Goldstücker, mit dem sie über Literarisch-philosophisches gesprochen habe und den man im Verband, wie sie später erfuhr, für ihren Liebhaber hielt. Wie Jarda sein Leben in seiner Familie regelt – danach fragt sie ihn nie.«

Jarda, der auch über diese Zeit in Mecklenburg Tagebuch geführt hat, sah durchaus, dass zwischen unserem äußerlichen Wohlstand und den gegenwärtig auch vorhandenen, allerdings ganz anders aufgeladenen Anzeichen eine Zwiespältigkeit lag. Er lernte Sarah Kirsch und Fred und Maxie Wander bei uns kennen und meinte: »So redete man bei uns Anfang der Sechziger. Da sind sie weit hinter uns [also in dieser Zeit nach 68 in Prag, G. W.], ich will sie nicht davon überzeugen.«

Wie recht er mit seinen Vermutungen hatte, sollte sich schon im Herbst 76 erweisen, als Wolf Biermann ausgewiesen wurde und sich die Szene der Intellektuellen dramatisch teilte: in die, die wie wir gegen diese Ausweisung protestierten, und die anderen, die sie öffentlich anerkannten. Schriftsteller wie Sarah Kirsch, Günter Kunert und Jurek Becker und bekannte Schauspieler wie Manfred Krug und Armin Mueller-Stahl verließen das Land, weil man ihnen die Arbeitsmöglichkeiten nahm.

Vor unserem Haus standen auf dem Parkplatz gegenüber monatelang Fahrzeuge der Staatssicherheit, die uns auch überallhin verfolgten. Christa hat in ihrem Text »Was bleibt« minutiös darüber berichtet.

Eine Gruppe von Autoren wurde aus dem Schriftstellerverband ausgeschlossen, sie gingen oder blieben unter Beobachtung durch die Staatssicherheit in der Opposition; eine Polarisierung, von der sich die DDR bis zu ihrem Ende 89 nie erholt hat, um es in dieser Kürze zu sagen.

Christa schreibt an ihrem Text »Kein Ort. Nirgends« mit dem Schlusssatz: »Wir wissen, was kommt.« Ich beginne die Reihe »Märkischer Dichtergarten« mit dem Titel »Heine in Berlin«, Heine, der hundertfünfzig Jahre zuvor in der Friedrichstraße gewohnt hatte. In Prag haben sich inzwischen unerwartete Dinge ereignet. Franci schreibt in einem Brief von August 1977:

Liebe Christa, nach drei Tagen dachdeckern soll man keine langen Briefe schreiben. Wie lange erholt man sich nach so was? […] Praktisches muß gesagt werden. Weitere Themen avisiere ich nur. 1. Die Freude mit uns um das »Werklein«, wie Du es nennst. 2. Honzas begeisterter Bericht über seinen letzten Besuch in M[ecklenburg].

3. Dein letzter lieber Brief und überhaupt alles, was mit Euch noch zusammenhängt und mit Euren Freunden […], und in der Zwischenzeit werden wir auch Annette hier haben […]. Praktisches: Die Platzkarten sind schon im Schreibtisch und duften nach Urlaub […]. Annette ist so lieb und will uns für den Sonnabend für die Strecke Berlin Stralsund auch Platzkarten besorgen […]. Also bleiben wir gesund […], nur so weiter. Seid umarmt, Eure Franci.

Dieser Brief ist natürlich ganz für die, wie zu befürchten ist, mitlesenden Zensoren geschrieben. Denn mit »dachdeckern« ist die Arbeit an der Übersetzung von Christas »Werklein« »Kindheitsmuster« ins Tschechische gemeint. Franci und Jaroslav Putík sind die Übersetzer, da sie aber Berufsverbot haben, hat sich ein »Dachdecker« (pokrývač), der Brünner Germanist Prof. Jaroslav Střítecký, bereit erklärt, die Übersetzung unter seinem Namen erscheinen zu lassen, selbstverständlich im Einverständnis mit dem Lektor des Verlages und mit der mündlichen Abmachung mit den eigentlichen Übersetzern, die dann auch das Honorar bekommen sollten. So etwas war vermutlich nur in der ČSSR möglich. Und das Buch konnte dann 1981 unter dem Titel »Vzory dětství« im Odeon Verlag in Prag tatsächlich erscheinen. Putík gibt sich in seiner Autobiographie später als Übersetzer an. Sicher hat Franci ihn mit dem Buch von Christa bekannt gemacht und mit ihm gearbeitet, denn natürlich waren ihr die Nuancen im Deutschen weit vertrauter als ihm. Franci hatte mithilfe des »Dachdeckers« Střítecký bereits Christas Buch »Nachdenken über Christa T.« übersetzt: »Návraty ke Christě T.« (Prag 1977). Und es folgte auch noch die Übersetzung der Erzählung »Kassandra«, ebenfalls im Odeon Verlag (Prag 1988), so dass Franci mit dem Werk von Christa inzwischen mehr als vertraut war.

Vielleicht war es diese Vertrautheit mit Christa, die sie in der Weihnachtswoche 1978 bewog, ihr zu gestehen, was sie sonst wohl kaum jemandem anvertraut hätte. Wie sie im Lager Theresienstadt an einer lebensgefährlichen traumatischen Psychose erkrankte. Christa hat es, genau ihren abrupten Worten folgend, notiert:

»Zum ersten Mal – wir kennen uns 18 Jahre – aus ihrem Mund der Begriff ›geisteskrank‹, auf sich selbst bezogen. Ich frage behutsam nach.

Sie war siebzehn und hatte ihren ersten Freund: Honza, 19 Jahre alt, sehr intelligent, scharf beobachtend. Er sagte ihr, sie sei ein so tief empfindsamer Mensch, und sie rief immer dagegen: Nein, überhaupt nicht, ich bin ganz seicht! – Das denkst du nur jetzt, sagte er. Sie hatte ihr erstes sexuelles Erlebnis mit ihm und empfand nichts als Schmerz: auch dazu war sie also unfähig. Das war vielleicht der letzte Anstoß, der ihre ›Geisteskrankheit‹ auslöste. In ihr begann der rasend schnelle Aufbau eines Wahnsystems, das auf einer Zahlenmystik gründete, deren Beherrschung das euphorische Gefühl gab, Einsicht in den weiteren Gang aller Dinge zu besitzen. Jede Zahl zwischen 1 und 12 hatte eine bestimmte Bedeutung (sie erinnert sich noch heute an alle Einzelheiten), und sie konnte jedes Ding und jeden Vorgang mit Zahlen belegen, deren Kombinationen ihr den Zusammenhang und Fortgang aller Dinge offenbarten. Einmal erfuhr sie auf diese Weise, sie könne ihren Freund um fünf nach drei an einem bestimmten Ort treffen. Sie ging hin und traf ihn wirklich – die letzte Bestätigung für die Gültigkeit ihres Systems. Sie schlief überhaupt nicht mehr, allerdings zog sich dieser ganze Prozeß über einen Zeitraum von drei Tagen. Sie schrieb einen Brief an den deutschen Kommandanten des Lagers mit bestimmten Verhaltensrichtlinien und übergab ihn zur Weiterleitung einem der tschechischen Bewacher, denen sie sich eigentlich gar nicht hätte nähern dürfen. Der gab den Brief einem Psychiater: Aus allen Sprachen waren hervorragende jüdische Ärzte im Lager. Ehe der aber noch etwas unternehmen konnte, ging die Katastrophe ihren Gang.

Ihre Angehörigen und auch ihr Freund hatten bemerkt, daß sie sich in einem gefährlichen Zustand befand, und der Freund hatte sich erboten, die Nacht an ihrem Bett sitzenzubleiben, obwohl er nach ›Einschluß‹ sich nicht in der Frauenkaserne aufhalten durfte. Sie lag wach und grübelte über ihre Zahlen. Auf einmal, mitten in der Nacht, gab es eine bestimmte Zahlenkombination, daß sie in zwei Minuten aus dem Fenster zu springen habe. Sie sprang auf und lief hinaus, der Freund hinterher. Er verfehlte sie, weil er geradeaus den Gang entlanglief und nicht darauf gefaßt war, daß sie in den zweiten Stock hinaufrennen würde. Eine Stimme sagte ihr, sie müsse aus dem linken Drittel des zweiten Fensters springen. Das tat sie unverzüglich.

Ihr Freund fand sie. Sie soll ihn gebeten haben, sie zu erwürgen, so unerträglich litt sie. Man brachte sie ins Krankenhaus, dort gab man ihr alles Morphium, was vorhanden war, und sie ›brüllte‹ ununterbrochen eine Woche: Davon weiß sie nichts, die Knochen ihres Unterkörpers waren zerschmettert. Die Füße, die wie Pudding waren, hatte man durch Gips in die Form von Füßen gebracht und gehofft, daß irgendwie die Knochen zusammenhalten würden. Der Mutter sagte man, sie würde nie wieder laufen können. Als sie nach zweieinhalb Monaten sich an Krücken den Krankenhausausgang entlang schleppte, standen alle Ärzte Spalier.

Der Freund wurde vor ihr nach Auschwitz transportiert. Sie hat ihn nie wieder gesehen. Die Zahlen liefen in der ersten Zeit, als sie wieder bei Bewußtsein war, noch durch den Kopf, aber schwächer und nicht mehr so zwingend. Dann hörten sie für immer auf. Nie wieder hatte sie ein übersteigertes Weltbeherrschungsgefühl. Und sie war wieder voll empfindungsfähig und hat, so sagt sie, Auschwitz besser überstanden als mancher andere […].«

Man kann mir glauben, dass ich gezögert habe, diesen Vorfall hier wiederzugeben. Aber, wenn er auch den Leser so trifft wie mich, als ich diese Schilderung las, wird er mir sicher zustimmen: Gerade solche tatsächlichen, kaum für möglich zu haltenden Erfahrungen sind nur in ihrer bisher kaum vorzustellenden Extremform zu begreifen. Und ausgerechnet aus ihnen konnten die Betroffenen offenbar dann doch die nötige Widerstandskraft aufbringen, um das unvorstellbare Grauen zu überwinden. Über solche Widerfahrungen können nur die sprechen, die sie an eigenem Leibe

Weihnachten 1980 in der Wohnung von Christa und Gerhard Wolf in der Berliner Friedrichstraße; von links: Franci Faktorová, Otto Ihlenfeld (Vater von Christa Wolf), Gerhard und Christa Wolf, Jan Faktor, Tinka Wolf, Stefan Wolf (Neffe), Jana Simon, Ralf Thunberger, Annette Simon, Benjamin Faktor.

erfahren haben, so und nicht anders; wir können diese Zeugnisse nur durch sie weitergeben, sie zu überliefern helfen.

In unserer Familie kommen Annette und Honza für immer zusammen. Sie heirateten am 1. April 1977 in Prag, und Honza zog 1978, nachdem er in Prag seine Ausbildung als EDV-Programmierer abgeschlossen hatte, nachBerlin. In seinem Beruf bekam er hier als Tscheche keine angemessene Stellung – er wollte es aber sowieso nicht mehr. Er arbeitete als Kindergärtner und Schlosser. Am 30. Mai 1979 wurde ihr Sohn Benjamin geboren, auch zur Freude von Franci, die nun vor allem Annettes Familie mit dem Enkelsohn be- suchte.

Ich will nicht vorgreifen, aber das schöne Foto vom Weihnachtsfest 1980 in der Friedrichstraße zeigt unsere nun gewachsene Familie mit Kindern und Enkelkindern.

Honza machte Bekanntschaft mit der Schriftstellerszene vom Prenzlauer Berg, besonders mit Bert Papenfuß, und las dort bei den nicht offiziellen Lesungen in Wohnungen der Oppositionellen seine experimentellen Texte, mit denen er sich bald einen Namen in diesen Kreisen machte. Autoren dieser Generation, die auch ich entdeckte und zu fördern versuchte, weil sie mit ihren Gedichten eine ganz andere Sprache in der deutschen Literatur anschlugen, und die zunächst nur in Untergrundzeitschriften und Malerbüchern in Zusammenarbeit mit kritischen Künstlern publiziert wurden.

Ich konnte 1988 im Aufbau-Verlag die Edition »Außer der Reihe« mit den bis dahin nicht erlaubten Texten der Dichter vom Prenzlauer Berg herausgeben und erwähne das hier, weil neben Bert Papenfuß, Stefan Döring, Gabriele Kachold u. a. auch Jan Faktor (Honza) mit seiner Erstveröffentlichung »Georgs Versuche an einem Gedicht und andere positive Texte aus dem Dichtergarten des Grauens« dabei war; der Band erschien später auch im westdeutschen Luchterhand Literaturverlag. Damit machte ich ihn in der literarischen Öffentlichkeit bekannt.

Zu Francis 60. Geburtstag 1986 schreibt Christa einen Brief, in dem sie einmal gültig zusammenfasst, was uns ihre Freundschaft über so viele Jahre hinweg bedeutet:

Berlin, 23. März 86

»Franci, Liebe –
wir bleiben dabei, daß wir unsere gegenseitigen Geburtstage ignorieren – Dein sechzigster soll eine Ausnahme sein. Ich will nicht so tun, als sei ich überrascht, daß Du nun 60 wirst, aber wenn ich an Dich denke, bist Du jung, so wie damals,

als wir uns kennenlernten, als Du rote Stöckelsandalen und tief ausgeschnittene Sommerkleider trugst und wir alle zusammen so lachen konnten, wie es später nie mehr möglich war – als wäre der eigentliche Schrecken dann erst noch gekommen und hätte nicht schon hinter uns, zumindest hinter *Dir* gelegen. Und dann sehe ich manchmal Dein Gesicht, als wir uns nur ganz kurz auf dem Prager Bahnhof trafen, 1969, wir waren auf der Durchfahrt nach Pieštany, weißt Du noch? Und Dein Gesicht, wenn Du mit Benni zusammen bist.
Liebe, man denkt immer, der andere weiß es ja, aber vielleicht weiß ers (sie es) doch nicht so genau, und darum will ich Dir doch mal schreiben, daß Du für mich einer der allernächsten Menschen bist; daß Du mir ein ganzes Lebensfeld eröffnet hast, das ich nicht kannte, und daß ich viel von Dir gelernt habe. Glaub's ruhig.
Mein Wunsch zu Deinem Geburtstag wäre – außer der physisch-psychischen Gesundheit für Dich, daß wir uns wieder öfter sehen, sprechen, begegnen. Trotz der Kinder (die Dich mir wegnehmen, in mancherlei Hinsicht), neben ihnen und über sie hinaus. Und trotz meiner ›Besetztheit‹ durch diese manchmal verfluchte Öffentlichkeit, den sogenannten und so gefährlichen ›Ruhm‹ und alles, was damit zusammenhängt und wovon ich mich schwer losmachen kann. Aber ich fange was Neues an, wenn wir nach Woserin gehn, es wabert schon in mir, und dann laß ich den ganzen Quatsch zurück.
Kommt Ihr im Sommer zu uns?? Nicht nur 3 Tage!
Grüß den lieben Herrn – daß er es immer noch für Dich ist, gehört auch zu Deinen Kunststückchen.
Ich umarme Dich symbolisch, hoffentlich bald in Wirklichkeit.
Deine Christa«

Es ist eine Schwierigkeit dieser Erinnerung, die ja vor allem die vielseitigen Aspekte unserer Beziehung zu Franci Faktorová im Auge hat, den historischen und gesellschaftlichen Hintergründen, vor denen sich alles abspielt, entsprechend Raum zu geben. Ist es doch eine dramatische Umbruchzeit für beide Länder, die in der friedlichen Revolution 1989/90 gipfelt, von der wir alle betroffen sind (siehe unser Buch »Umbrüche und Wendezeiten«, Berlin 2019).

Daneben gab es nicht weniger einschneidende Erlebnisse und Widerfahrungen, denen wir privat ausgeliefert waren und die wir bewältigen mussten.

So geschah es, dass 1983 in der Hitze des Sommers – wie in Christas Text »Sommerstück« von 1979 vorausgeahnt – unser rohrgedecktes Haus in Neu Meteln abbrannte.

Wir waren gerade von einem Studienaufenthalt in den USA zurückgekehrt. Ein neuer Ofen wurde ausprobiert. Funken aus dem Schornstein setzten das Dach in Brand, und in Windeseile fiel das Haus mit allem Inventar bis auf die Grundmauern den Flammen zum Opfer. Die Feuerwehr konnte kaum etwas retten. Ich hatte wenigstens Christas Tagebücher in Sicherheit gebracht. Menschen kamen, wie es so schön heißt, nicht zu Schaden.

Dem Bischof Radtke ist es zu verdanken, dass wir schon ein Jahr später ein lange leer stehendes altes Pfarrhaus in Woserin, einem Dorf zwischen Goldberg und Sternberg in Mecklenburg, erwerben konnten, das wir 1985 wieder als Familiensitz, vor allem für den Sommer, bezogen. Über die monatelangen Renovierungsarbeiten, die es mich kostete, will ich nicht reden.

Dass Franci auf Gedeih und Verderb mit all diesen Ereignissen verbunden war, muss nicht betont werden.

Wir sind dann noch im Frühjahr 1988 aus der inzwischen lauten Friedrichstraße in eine schöne Wohnung am Amalienpark 7 in Pankow umgezogen. Und hier um die Ecke in der Wolfshagener Straße, in der Wohnung von Annette und Honza, war es, wo Franci am 8. Oktober 1989 früh als Erste durch unseren Freund, den Dramatiker Lothar Trolle, erfuhr, dass Annette und Honza am Abend des 7. Oktober – also am 40. Jahrestag der DDR – bei den Demonstrationen im Prenzlauer Berg verhaftet worden waren – »zugeführt«, wie es hieß. Wir machten uns gleich in der Stadt vergeblich auf die Suche nach ihnen. Erreichten dann telefonisch den Anwalt Gregor Gysi, der versprach, sich umgehend zu erkundigen. Die beiden kamen schließlich, unabhängig voneinander und unabhängig von irgendwelchen Interventionen, noch an diesem Tage frei – nach einer schlimmen Nacht, wie man sich denken kann.

Christa gab in Westberlin dem Redakteur des Süddeutschen Rundfunks, Gerhard Rein, ihr erstes politisches Interview im Westen, in dem sie Honecker persönlich angriff und sich vor allem für die Zulassung des Neuen Forums einsetzte; es wurde sofort über den SFB und alle westdeutschen Sender verbreitet. Ich will die turbulenten Tage mit der großen Demonstration vom 4. November 89 auf dem Alexanderplatz und den Mauerfall vom 9. November hier übergehen, weil Christa und ich an anderer Stelle darüber geschrieben haben.

Wichtig ist mir, dass ich schon im März 1990, noch unter der Modrow-Regierung der DDR, als das Privatleuten gestattet wurde, den Verlag Gerhard Wolf Janus press GmbH gründen konnte. Ein Verlag auch für Grafik-Bücher wie die »Sprachblätter« meines Freundes Carlfriedrich Claus und das Werk von Franz Mon. Alles Titel, die es in der DDR nicht gab. Martin Hoffmann wirkte als Gestalter und Hersteller mit, Christina Schönau als Verlagssekretärin. 1988 hatten Christa und ich die Schwester von Sophie Scholl Inge Aicher-Scholl und ihren Mann otl aicher kennengelernt, den berühmten Designer der Lufthansa, der außerdem das gesamtvisuelle Erscheinungsbild der Olympischen Spiele von 1972 prägte. Er hatte eine neue Schrift entwickelt, die »rotis« – und wir wählten sie als Schrift für unsere Bücher mit experimenteller Literatur. 1993 erschien »schreiben und widersprechen«, ein Band mit otl aichers politischen Essays. Wesentliche Autoren vom Prenzlauer Berg wie Bert Papenfuß, Gabriele Stötzer (früher Kachold), Gino Hahnemann neben neu entdeckten Begabungen wie die Dichterin Róža Domašcyna fanden hier ihren Verlag, in dem auch die nächsten Bücher von Jan Faktor erschienen sind.

Als ich 1993 zur Verleihung des Kranichsteiner Literaturpreises Jan Faktors »Körpertexte« als Sonderausgabe herausbrachte und dort auch ein Text über seine Mutter enthalten war, fühlte sich Franci getroffen. Ich bat Christa, doch zu vermitteln, und sie schrieb ihr:

Woserin, den 6. Sept. 94

»Liebe Franci,
[...] Unser Gespräch neulich am Küchentisch war zu kurz, aber doch inhaltsreich, fand ich. Mir ist das, was Du über Deine Reaktion auf Honzas Text sagtest, noch nachgegangen. Ich habe natürlich befürchtet, daß er, der Text, Dich treffen würde. Mir hatte Honza gesagt, dieser Text könne dich nicht treffen, Du könntest Dich darin nicht wiedererkennen, er sei ja so übersteigert und verzerrt. Das stimmt

schon. Aber das zu wissen nützt Dir wohl wenig. Es ist eines der unlösbaren Probleme beim Schreiben, mit dem, was man da auf der Pfanne hat, der Lust zu folgen, bis an die Grenze zu gehen und darüber hinaus, an die Grenze, wo man andere verletzt. Oder etwas braver, auch moralischer zu sein und bestimmte Normen einzuhalten, was auch heißen kann, künstlerisch nicht alles aus einer Konstellation aus einer Figur herauszuholen … Irgendwoher, von irgendeinem Protagonisten, holt man sich seine Anregungen ja doch, und auch wenn man diesen oder diese dann gar nicht mehr ›meint‹ – man verletzt ihn oder sie, und sei es ›nur‹ dadurch, daß der Betreffende die Distanz, die Kälte spürt, die von der so veränderten Figur ausgeht. Auch ich habe meine Probleme damit gehabt, und ich habe mir manches verkniffen, ich möchte nicht, wie mancher Autor, einen Umkreis von Zerstörung um sich [sic] herum erzeugen. Aber ich habe auch nie geglaubt, eine ›große‹ Autorin zu sein, die für ihre Kunst alles andere aufs Spiel setzen kann. Und jetzt habe ich sowieso das Gefühl, nur noch ein bißchen mühsam vor mich hinzuschreiben. Aber das geht mir nicht sehr nahe. Was einem noch nahegeht, wenn man älter wird – das ist ein Thema für sich, vielleicht für unser nächstes Küchengespräch; ich hoffe, die Pause wird nicht zu lang.
Liebe Franci, hab Dich so gut wie möglich. Grüß Jarda und Lissenka*,
immer Deine Christa«

Die Gespräche und Begegnungen mit Franci setzten sich regelmäßig fort. 1995 fuhr sie mit ihrem Enkelsohn Benjamin

* Korrekt »Lisinka«.

nach Israel, denn sie hatte gerade eine erste tschechisch-deutsche Entschädigungssumme für ihre KZ-Aufenthalte erhalten.

Sicher war ein Höhepunkt für unseren Verlag und damit unsere Familie das Buch »Unsere Freunde, die Maler«, herausgegeben von Peter Böthig, das wir im August 95 mit einer umfangreichen Ausstellung im Kurt-Tucholsky-Museum Schloss Rheinsberg vorstellen konnten. Wir erregten vor allem Aufsehen mit Künstlern wie Ronald Paris und Wieland Förster, mit Helge Leiberg, Hartwig Hamer, Angela Hampel und Nuria Quevedo mit ihrer Grafikfolge zu Christas »Kassandra«, natürlich auch mit Arbeiten von Carlfriedrich Claus und der Künstlergruppe »Clara Mosch«.

Das Foto vom Hügel vorm Schloss Rheinsberg zeigt unsere Großfamilie mit Franci und Jarda.

Wie günstig und fruchtbar sich die freundschaftliche Zusammenarbeit zwischen Christa und Franci auswirkte, sollte sich bald zeigen. Christa hatte bei ihrem Aufenthalt als Scolar des Getty Centers in Los Angeles 1993 in der nahe gelegenen Universität von Irvine die Literaturwissenschaftlerin Ruth Klüger kennengelernt, die ihr das autobiographische Buch »weiter leben. Eine Jugend« gab.

Zu unserer Verwunderung stellten wir bei der Lektüre fest, dass Ruth Klüger, Jüdin aus Wien, obwohl fünf Jahre jünger, fast den gleichen Weg wie Franci durch die Lager Theresienstadt und Auschwitz bis hin zur Arbeit in der Munitionsfabrik in Christianstadt gegangen war. Christa machte Franci mit Ruth Klüger bekannt. Die Frauen trafen sich, und Franci übersetzte schließlich ihr Buch ins Tschechische unter dem Titel »Poslední stanice život«, erschienen 1997 im Franz Kafka Verlag in Prag.

Eröffnung der Ausstellung »Unsere Freunde – die Maler« in der Kurt Tucholsky Gedenkstätte Schloss Rheinsberg; hinten: Jaroslav Putík und Franci Faktorová; Mitte: Benjamin und Jan Faktor, Christa und Gerhard Wolf; vorn: Frank Rothe, Jana und Annette Simon, Tinka und Anton Wolf, Martin Hoffmann, Helene Wolf, 1995.

Dieses Jahr 1997 übertraf mit Veranstaltungen, Ausstellungen und tragischen Ereignissen nahezu alle anderen Jahre, so dass man das aus heutiger Sicht kaum nachvollziehen kann.

Von Christa erschien im Luchterhand Literaturverlag das Buch »Medea. Stimmen«, das wir mit Arbeiten in der Grafikmappe »Medea altera« von neun Künstlerfreunden vom 22. bis 25. Februar im FrauenMuseum Bonn vorstellen konnten. Hier erschien auch zum ersten Mal Günther Uecker mit seinen Radierungen zu »Medea«.

Anfang April las Christa aus dem Buch auf Einladung des

Goethe-Instituts in Prag. Auch ich konnte dort den Verlag Janus press mit einer Lesung von Bert Papenfuß vorstellen. Natürlich waren Franci, Eduard Goldstücker und andere Bekannte anwesend.

Im Frühjahr starben unsere Freunde Jurek Becker und Stephan Hermlin. Zu Hermlins Gedenkfeier am 29. April im Berliner Ensemble sprachen Christa und ich im Dialog.

Im Mai waren wir in Turin, wo Christa an der Universität von der Professorin Anna Chiarloni der Ehrendoktor verliehen wurde. Wir trafen uns mit den italienischen Verlegern vom Verlag e/o in Rom, Sandro und Sandra Ferri, und ihrer Übersetzerin Anita Raja, die alle Bücher von Christa ins Italienische übertrug. Während eines kurzen Urlaubs in der Toskana las Christa in Bologna und Venedig.

Und fast direkt nach unserem Aufenthalt traf uns am 11. Juni der Schock von Francis Tod. Sie wurde 71 Jahre alt.

Sie war gerade bei Annette und Honza in Berlin zu Besuch gewesen, auch um eine Bescheinigung ihrer KZ-Aufenthalte an Benjamin zu übergeben, da sie ihn damit als seine Angehörige von der Wehrpflicht entbinden konnte.

Abends hatte sie über heftige Schmerzen im Oberbauch geklagt, war aber entschieden dagegen, den Rettungsdienst rufen zu lassen. Der später von Annette und Honza gerufene Arzt konnte nur noch den Tod durch Herzinfarkt feststellen. Sie hatte zuvor nie über Herzbeschwerden geklagt, und auch ihr Prager Arzt hatte sie nicht in diese Richtung untersucht.

Auf der Trauerfeier am 25. Juni in Prag, die im Krematorium Strašnice stattfand, sprach unser gemeinsamer Freund Eduard Goldstücker zu ihrem Gedenken. Obwohl Franci Feuerbestattungen als solche unheimlich fand, wollte sie dann doch in einer Urne bestattet werden, um im gemeinsamen Grab mit ihrer Mutter und Schwester bestattet werden zu können. Dieses gemeinsame Grab liegt in einem nur für Urnengräber ausgewiesenen hinteren Bereich des Neuen Jüdischen Friedhofs in Prag-Olšany; Feuerbestattungen sind nach dem jüdischen Brauch streng genommen eigentlich nicht erlaubt.

Wir mussten schon am nächsten Tag von Prag aus nach Köln fliegen, um dort an der Trauerfeier für Lew Kopelew teilzunehmen, wo Christa ihre Abschiedsrede »Mit dem absoluten Sinn für Toleranz« hielt.

Wir nahmen noch im Juli am Musikfestival in Verbier in der Schweiz mit der Performance »Medea. Stimmen« teil.

Christa wurde, gemeinsam mit Alain Lance und Renate Lance-Otterbein, am 29. September in Potsdam im Schloss Sanssouci der »Prix Écureuil« der Buchmesse von Bordeaux verliehen.

Im Dezember sprach Christa anlässlich des 80. Geburtstags von Heinrich Böll (gestorben 1985), den ja auch Franci 1958 in Prag begrüßt hatte, unter dem Titel »Mitleidend bleibt das ewige Herz doch fest«.

Ich weiß heute noch nicht, wie wir diese Monate mit den vielen anderen Verpflichtungen und Veranstaltungen eigentlich durchgehalten haben.

Wenn ich von einem Vermächtnis Francis spreche, so erinnere ich vor allem ihre lebendige Anwesenheit. Sie war ein Mensch mit ganz eigenem Charme, der sie befähigte, die furchtbaren Ereignisse ihres Lebens zu überstehen und uns mitzuteilen. Sie machte uns zuerst mit den Werken von Elias Canetti bekannt, den sie verehrte, und wies uns vor allem auf die drei Bände seiner Autobiographie hin, die ein halbes europäisches literarisches Jahrhundert markieren. Sie gab uns ein Buch mit seinen Aufsätzen und Gesprächen von 1972. Dort stehen auch seine Sätze über eine »gespaltene Zukunft«, die mir für dieses Memorial gerade in dieser Zeit, gültig erscheinen:

»Das Kommende ist anders da als je zuvor, es nähert sich rascher und es wird bewußt herbeigeführt. Seine Gefahren sind unser eigenstes Werk; aber ebenso auch seine Hoffnungen. Die Wirklichkeit des Kommenden hat sich gespalten: auf der einen Seite die Vernichtung, auf der anderen das gute Leben. Beide sind gleichzeitig aktiv, in der Welt, in uns. Diese Spaltung, dieses doppelte Kommende, ist absolut, und es gibt niemand, der von ihr absehen könnte. Jeder sieht eine dunkle und eine helle Gestalt zugleich, die sich ihm mit beklemmender Geschwindigkeit nähern. Man mag sich die eine weghalten, um nur die andere zu sehen, es sind doch beide immer unablässig da.«

Ich verfasste diesen Text im März/April 2020.

Ich betrachte ihn wie einen Stein, den man auf das Grabmal eines jüdischen Freundes legt.

Ich danke Jan Faktor für wichtige Korrekturen und Martin Hoffmann und Christina Schönau, die mir bei der Erfassung der Texte geholfen haben.

Franci Faktorová in Woserin.

Quellennachweis

Scheherezade aus Sachsen. Abschied von Irmtraud Morgner – Trauerrede bei der Beerdigung Irmtraud Morgners am 11.5.1990. Erstveröffentlichung in: NDL (Berlin) 8/1990. Textgrundlage: Gerhard Wolf, »Sprachblätter. Wortwechsel. Im Dialog mit Dichtern«, Reclam-Verlag, Leipzig 1992.

Geist und Macht. Rede auf Walter Jens – Einführung zu einer Rede von Walter Jens im Apollosaal der Staatsoper zu Berlin am 9.12.1990. Erstveröffentlichung in: Dietmar Keller (Hg.), »Nachdenken über Deutschland. Bd. V«, Verlag der Nation, Berlin 1991. – Ernst Jandl, »Lichtung«. Aus: Ernst Jandl, »Werke in 6 Bänden« (Neuausgabe), hrsg. von Klaus Siblewski. © 2016 Luchterhand Literaturverlag, München, in der Verlagsgruppe Random House GmbH.

Günter de Bruyn. »Mein Brandenburg« – Rede zur Buchpremiere am 26.9.1993 in Potsdam. Erstveröffentlichung in: »Die Poesie hat immer recht. Gerhard Wolf. Autor. Herausgeber. Verleger. Ein Almanach zum 70. Geburtstag«, hrsg. von Peter Böthig, Gerhard Wolf Janus press, Berlin 1998. – Zitat S. 35 f. aus: Günter de Bruyn, »Jubelschreie, Trauergesänge. Deutsche Befindlichkeiten«. © 1991, S. Fischer Verlag GmbH, Frankfurt am Main.

otl aicher. schreiben und widersprechen – Rede zur Buchpremiere am 24.9.1993 im Internationalen Design Zentrum Berlin. Unveröffentlicht.

Carola Sterns Buch »Der Text meines Herzens. Das Leben der Rahel Varnhagen« – Rede zur Buchpremiere am 12.8.1994 in Berlin. Unveröffentlicht.

Nicht widerrufbares Leben. Trauerrede für Heinz Zöger – Rede bei der Trauerfeier im März 2000 in Berlin. Unveröffentlicht.

Nicht beendetes Gespräch über Stephan Hermlin zwischen Christa und Gerhard Wolf – Beitrag zum 60. Geburtstag von Stephan Hermlin am 13.4.1975. Erstveröffentlichung in: Freibeuter (Berlin), März 1995. Textgrundlage: Stephan Hermlin, »In den Kämpfen dieser Zeit«, Verlag Klaus Wagenbach, Berlin 1995. – Stephan Hermlin, »Die Zeit der Wunder«. Aus: Stephan Hermlin, »Traum der Gemeinsamkeit. Ein Lesebuch«. © 1985 Verlag Klaus Wagenbach, Berlin.

Der Dichter, ein Zeuge. Zu Tadeusz Różewicz, Günter Grass, Bert Papenfuß und Detlef Opitz – Rede im Leipziger Opernhaus anlässlich der literarisch-musikalischen Soiree zur Leipziger Buchmesse 1996. Unveröffentlicht. – Tadeusz Różewicz, »pathetischer scherz«. Aus: Tadeusz Różewicz, »Offene Gedichte. 1945–1969«. © 1969 Carl Hanser Verlag GmbH & Co. KG, München. – Günter Grass, »Kinderlied«. Aus: Günter Grass, »Sämtliche Gedichte«, hrsg. von Werner Frizen. © Steidl Verlag, Göttingen 2007.

Stefan Heym. Unverhoffter Gast, bleibender Zeitgenosse – Erstveröffentlichung in: Ossietzky (Berlin), H. 7/1998. Textgrundlage: »Die Poesie hat immer recht«, a. a. O.

Auf der Suche nach einem Land. Der Dichter Andreas Reimann – Laudatio zur Auszeichnung mit dem Leipziger Literaturstipendium für das Jahr 2000. Unveröffentlicht. – Andreas Reimann, »Markkleeberger elegie«, »Gedicht des gedichts«, »Heimsuchung«. Aus: Andreas Reimann, »Das Sonettarium 1975 bis 1995«. © Connewitzer Verlagsbuchhandlung, Leipzig 1995.

Im Bilde sein. Gerhard Altenbourg. Grafiken zu Dichtung von Johannes Bobrowski – Erstveröffentlichung in: »Und das ist alles ernst: Malerei, Grafik, Künstlerbuch, Fotografie, Skulptur zu Texten von Johannes Bobrowski«, Edition HOHES UFER AHRENSHOOP 2000. – Johannes Bobrowski, »Mobile von Calder«. Aus: Johannes Bobrowski, »Gesammelte Werke in sechs Bänden. Erster Band. Die Gedichte«. – Johannes Bobrowski, »Brief an Moël«. Aus: Johannes Bobrowski, »Gesammelte Werke in sechs Bänden. Zweiter Band. Gedichte aus dem Nachlaß«. © 1998, Deutsche Verlags-Anstalt, München, in der Verlagsgruppe Random House GmbH.

Carlfriedrich Claus in dis tanz – Vortrag zur Ausstellung im Fritz-Heckert-Haus, Chemnitz, am 6. 9. 2000. Unveröffentlicht. – Carlfriedrich Claus, Brief an Christa und Gerhard Wolf vom 18. 4. 77. Aus: Carlfriedrich Claus. Gerhard Wolf. Christa Wolf, »Nun schauen mich immer mindestens vier Augen an. Der Briefwechsel 1971–1998«. Chemnitzer Verlag Annaberg-Buchholz, Chemnitz 2018. © Kunstsammlungen Chemnitz, Stiftung Carlfriedrich Claus-Archiv.

Christa Cremer. Malerei – Kleinplastiken. Ergebnisse eines Lebens mit der Kunst – Rede zur Eröffnung der Ausstellung »Aquarelle. Lithographien. Ölbilder. Kleinplastik« am 17. 8. 2001 in der Galerie Forum Amalienpark, Berlin. Unveröffentlicht.

C Gespräch im Hause Wolf über den in Vers und Prosa G sowohl als auch stückweis anwesenden Volker Braun – Dialog anlässlich des 65. Geburtstags von Volker Braun am 7. 5. 2004 in der LiteraturWERKstatt Berlin. Erstveröffentlichung in: »Volker Braun & Zeitgenossen. Der Kassensturz«, hrsg. von Manfred Jendryschik, Projekte-Verlag Cornelius, Halle/Saale 2010. Textgrundlage: Christa Wolf, »Rede, daß ich dich sehe. Essays, Reden, Gespräche«. © Suhrkamp Verlag Berlin 2012. Alle Rechte bei und vorbehalten durch Suhrkamp Verlag Berlin.

Worte für Gino Hahnemann – Rede zur Trauerfeier im April 2006 auf dem Dorotheenstädtischen Friedhof in Berlin. Unveröffentlicht.

In zügelloser Sprache – Rede zur Eröffnung der Ausstellung »In zügelloser Sprache. Ein-Blick in die Sammlung Gerhard Wolf« im Archiv der Akademie der Künste Berlin/Brandenburg am 26. 11. 2006. Unveröffentlicht. – Durs Grünbein, »MonoLogisches Gedicht No. 4«. Aus: Durs Grünbein, »Gedichte. Bücher I-III«. © Suhrkamp Verlag Frankfurt am Main 2006. Alle Rechte bei und vorbehalten durch Suhrkamp Verlag Berlin.

Günter Grass. Signaturen zur Zeit – Rede zur Eröffnung der Ausstellung am 26. 1. 2007 in der Galerie Forum Amalienpark, Berlin. Unveröffentlicht.

Louis Fürnberg. Traum und Wirklichkeit eines Dichters – Erstveröffentlichung in: Louis Fürnberg, »Lebenslied. Ausgewählte Gedichte«, Faber & Faber, Leipzig 2009. – Louis Fürnberg, »Ein Lebenslied«. Aus: Louis Fürnberg, »Gesammelte Werke in sechs Bänden. Band 2: Gedichte 1946–1957«, Ausw. u. Red. Lotte Fürnberg, Gerhard Wolf, Aufbau-Verlag Berlin und Weimar 1965.

Nuria Quevedo. Berlinerin aus Barcelona – Katalanin in Berlin – Rede zur Eröffnung der Ausstellung »Leinwand und Papier« am 5. 4. 2011 in der Galerie Forum Amalienpark, Berlin. Erstveröffentlichung in: »kunst + kultur« (Berlin), Nr. 211. – Erich Arendt, »Die Bucht« und »Ums Schleppnetz …«. Aus: Erich Arendt, »Kritische Werkausgabe«, hrsg. von Manfred Schlösser und Martin Peschken. Band II, »Gedichte 1960–1982«. © Agora Verlag, Berlin 2003.

Maria Sommer. Theater als Herzenssache – Herzenssache als Beruf – Laudatio zur Verleihung der Rahel-Varnhagen-von-Ense-Medaille der Stadt Berlin am 3. 9. 2012. Unveröffentlicht.

Die Freundschaft zwischen Brigitte Reimann und Christa Wolf – Rede anlässlich einer Lesung 2012 und erweitert als Vorwort zu: Brigitte Reimann, Christa Wolf, »Sei gegrüßt und lebe. Eine Freundschaft in Briefen und Tagebüchern 1963–1973«. Erweiterte Neuausgabe, hrsg. von Angela

Drescher, Aufbau Verlag, Berlin 2016. – Reiner Kunze, »Das Ende der Kunst«. In: Reiner Kunze, »gespräch mit der amsel. frühe gedichte«. © 1984, S. Fischer Verlag GmbH, Frankfurt am Main.

Volker Braun. Dichtung als Geschichte der Zeit – Wesentlich ergänzte und veränderte Fassung eines Textes von 2014. – Volker Braun, »Das Eigentum«. Aus: Volker Braun, »Lustgarten, Preußen. Ausgewählte Gedichte«. © Suhrkamp Verlag Frankfurt am Main 1996. Alle Rechte bei und vorbehalten durch Suhrkamp Verlag Berlin.

Zu den Motiven der Kunst Barbara Beisinghoffs – Erstveröffentlichung in: Barbara Beisinghoff, »Das Gesetz des Sterns und die Formel der Blume«, Bad Arolsen 2014.

Gorzów heute. Gespräch zwischen Gregor Stach und Gerhard Wolf über die Geburtsstadt von Christa Wolf – Erstveröffentlichung in: »Heimatblatt der ehemaligen Kirchengemeinden Landsberg/Warthe Stadt und Land«, Heft 52, Juni 2016. Für diese Ausgabe leicht gekürzt und überarbeitet.

Die Dichterin Róža Domašcyna. Unter einem gewaltig mildtätigen horizont – Laudatio zur Verleihung des Sächsischen Literaturpreises am 23. 10. 2018. Erstveröffentlichung in: OSTRA-GEHEGE. Zeitschrift für Literatur und Kunst (Dresden), H. 90 (IV/2018). – »Ja«, »Nichts wird dich retten vor mir«, »Epitaf«. Aus: Róža Domašcyna, »Zwischen gangbein und springbein. gedichte. texte«, © Gerhard Wolf Janus press, Berlin 1995. – »Moja hola«. Aus: Róža Domašcyna, »Zaungucker. gedichte. texte«. © Gerhard Wolf Janus press, Berlin 1991. – »Nicht so schlimm«. Aus: Róža Domašcyna, »Der Hase im Ärmel. Sorbische Märchen«, © Gerhard Wolf Janus press, Berlin 1997. – »Zwischen selbst und selbander«, »Nur berühren«, »Wo ich bin«. Aus: Róža Domašcyna, »selbstredend selbzweit selbdritt. gedichte. texte«, © Gerhard Wolf Janus press, Berlin 1998.

Angela Hampel. Schriftzeichen – Bildzeichen. Arbeiten zur Literatur – Beitrag zur Ausstellungseröffnung am 22. 2. 2020 in der Galerie des Kurt Tucholsky Literaturmuseums Schloss Rheinsberg. Unveröffentlicht.

Memorial für Franci Faktorová – Unveröffentlicht. – Christa Wolf, Briefe an Franci Faktorová vom 23. 3. 86 und 6. 9. 94. Aus: Christa Wolf, »Man steht sehr bequem zwischen allen Fronten. Briefe 1952–2011«, © Suhrkamp Verlag Berlin 2016. Alle Rechte bei und vorbehalten durch Suhrkamp Verlag Berlin. – Elias Canetti, aus »Realismus und Wirklichkeit«. In: Elias Canetti, »Die gespaltene Zukunft. Aufsätze und Gespräche«. © 1972 Carl Hanser Verlag GmbH & Co. KG, München.

Bildnachweis

Aufbau Verlag, Berlin: S. 191
Matthias Bulang, Bautzen: S. 212
Christian Kraushaar: S. 18
Renate von Mangoldt: S. 194
Hilmar Messenbrink, Chemnitz: S. 102
Frank Heinrich Müller, Leipzig: S. 202
Helga Paris: S. 267, 275
Privatarchiv Gerhard Wolf: S. 38, 137, 144, 228, 237, 279
Privatarchiv Jan Faktor: S. 233
© VG Bild-Kunst, Bonn 2020: S. 93 (Lindenau-Museum Altenburg,
Foto: PUNCTUM/Bertram Kober, Leipzig); S.168 (Nuria Quevedo)
Rolf Will, Berlin: S. 110
Gerald Zörner/gezett: S. 172

Trotz gewissenhafter Suche konnten nicht alle Rechteinhaber gefunden werden. Berechtigte Ansprüche bitten wir an den Verlag zu richten.